i

imaginist

想象另一种可能

理
想
国

imaginist

有所不为的反叛者

批判、怀疑与想象力

罗新 著

上海三联书店

图书在版编目（CIP）数据

有所不为的反叛者：批判、怀疑与想象力 / 罗新著．
—上海：上海三联书店，2019.5（2019.7 重印）

ISBN 978-7-5426-6646-8

Ⅰ．①有… Ⅱ．①罗… Ⅲ．①史学－文集 Ⅳ．① K03-53

中国版本图书馆 CIP 数据核字 (2019) 第 051749 号

有所不为的反叛者：

批判、怀疑与想象力

罗新 著

责任编辑 / 徐建新
特约编辑 / 黄旭东
封面题签 / 李泉汇
封面设计 / 彭振威
内文制作 / 陈基胜
监　　制 / 姚　军
责任校对 / 张大伟

出版发行 / 上海三联书店
（200030）上海市漕溪北路331号A座6楼
邮购电话 / 021-22895540
印　　刷 / 山东鸿君杰文化发展有限公司

版　　次 / 2019 年 5 月第 1 版
印　　次 / 2019 年 7 月第 2 次印刷
开　　本 / 850mm × 1168mm　1/32
字　　数 / 175千字
印　　张 / 8.75
书　　号 / ISBN 978-7-5426-6646-8/K · 523
定　　价 / 52.00元

小 序

这本小书所收主要写于近年的随笔，都多少与专业反思有关，或者说，都多少反映了我对史学工作的理解。和相当多的史学从业者一样，我更愿意处理具体的个案研究，而不是在理论层面进行思辨。只是有时候仍会铤而走险，涉足一些自己并没有十足把握的、具有普遍性的话题，那些话题在理论修养好的学者眼里自然还是过于狭窄具体，在我却早已捉襟见肘、力不从心。因此本书所收文字多有冒险性质，写时已觉忐忑，写后惶惑更甚。然而，虽自知不免于肤浅甚至偏颇，我有时——尽管并不总是——还是会克服藏拙的本能，不惜自曝其短，写一些能力之外的文字。这是因为，身处思想激荡、变化倏忽的时代，常有如鲠在喉的窘迫。

我刚上研究生时，导师田余庆先生送给我们《尚书·洪范》里"有猷有为有守"六个字。我理解，用现代语言解释"有猷有为有守"，就是有理想、有作为、有坚守。依此而行，大概就是孔子所说的“中行”。然而世路艰难，中行谈何容易。《论语 · 子路》记孔子说：“不得中行而与之，必也狂狷乎，狂者进取，狷者有所不为也。”古人解释说：“狂者进取于善道，狷者守节无为。”如果既能进取有为，又能守节无为，那当然是做到了“有猷有为有守”，孔子认为这是最好的，是“中行”。但如果不得不退而求其次，那么只能做到勇于进取、有所作为的，与只能做到坚守底线、有所不为的，两者都同样值得肯定。进取不仅需要能力和勇气，也需要时代条件，条件不具备时，要做到守节无为其实也不容易，同样需要足够的勇气。

目 录

历史学家的美德

历史学系的学生和教师最怕被问到，偏偏又被问得最多的一个问题，是“历史有什么用”。其实这是一个伪问题。历史是人类精神的基本构造，是人类的思维形式，离开了历史就不会有人类的思维。不过，如果问题换一个问法可能就有意义了——历史学有什么用？历史不等于过去，“过去”只有被诠释、被讲述之后才成为“历史”。历史是对过去的讲述，无比巨大、混沌一团的过去中被赋予了秩序和意义并且被讲述出来的那很小很小的一部分，才是我们所说的历史。被讲出来的历史就不再等同于过去：过去的无数方向、无数线索被简化成历史的单一方向和单一线索，过去无可计数的参与者被简化为少数人群及其精英，主人公和中心人物出现了，目的和意义诞生了。

从过去中选择原料、组织模型和生产历史，是人类最古老、最基本的智力活动，而对历史的生成、演变、发展和应用这个过程进行考察的学科就是历史学。既然我们无时无刻不在使用历史，对所使用的历史本身进行考察，确保历史知识的正确与准确，适当地使用而不是滥用或错用历史，就关乎人类的精神健康与心智发育，这正是历史学家的职责。确保这一职责得以履行的，就是历史学家的美德。

什么是历史学家的美德？一般人首先想到的是“求真”。然而求真不是美德，求真是历史的本性。没有人会说他讲述的历史不够真实，所有人在使用历史时都深信或至少宣称这个历史是真实的。这是由历史在人类精神活动中的本质属性决定的，讲述真实的过去、忠诚于事实，是历史唯一的特性。当然，许多曾经被认为真实的历史，后来逐渐被排除在历史之外，而归入神话、伪史或编造。事实上，历史学的历史表明，太多太多的历史都已被剔除在历史之外，过去的许多历史知识现在已经被归入神话或伪史。各个文化、各个时代的大多数历史学家都秉持求真的职业精神，然而他们还是会自觉不自觉地制造神话与伪史。求真几乎可以等同于历史学的职业本身，还不能说是一种品德。

那么什么是历史学家的美德呢？历史学家有三大美德：批判、怀疑和想象力。

因为历史如此有用，生产伪史、篡改历史、制造遗忘，以及滥用或错用历史，就是历史应用的基本形态之一。学历史的都知道，过去当然是确定无疑的、已经发生的、唯一的。但事实上人们总是因眼前的需要而把过去那个“唯一”

改写为“多种”。我们所知道的过去就是多种多样的、非常复杂的，充满了可能性，是基于一代又一代、一群又一群人的需要而反复改写的结果。从古至今积累了巨量的历史知识库，今天研究历史、写历史的人，主要是面对这个巨量的知识库重新选择和组织素材，赋予目的和意义，这样就写出了新的历史。通过对已知的历史进行考察，确认或者否定前人的某些讲述，在新的问题意识之下生产出新的历史知识。历史并非无中生有，而是有中生有，是从已有的历史当中生产出新的历史来。

我们面对旧的历史知识，首先需要的是批判和怀疑。批判性思维是人类理性的基础，历史思维的价值就在其批判性。可以说，我们熟悉的历史，包含着大量的神话与伪史，其中有些将会被揭穿、剔除和取代，有些则因史料匮乏、证据单一而使质疑者无可奈何。怀疑与批判的美德使我们不仅勇于揭破神话、创造新知，而且有助于我们在那些暂时难以撼动的新老神话面前保持警惕、保持距离。

正如前贤所言，历史本质上是一种论辩，是一种不同意，一种对已有论述的质疑、纠正、提升或抗争，是在过去的混沌中重新发现或发明关联、模式、意义与秩序。如果沉浸在已有论述中不加怀疑、不加批判，那就成了旧历史的囚徒，就失去了选择的能力。没有选择能力，就不会有选择不同方式观察自己的能力，也就不可能生产出新的历史知识。史料自己不会说话，史料不是透明的、无辜的，它们是在特定情形下、由特定作者因特定目的为特定读者写下的。批判和怀疑的品德帮助我们质疑陈说，提出论辩。论辩开掘出通向改变的道路。

想象力是历史研究的另一大美德。历史给拥有好奇心的人提供“替代性经验”，我们在想象中经历前人的经历。历史是人类思维的基础。从这个意义上说，研究历史就是研究我们自己。有一句著名的话：The past is a foreign country（往昔乃是异乡）。访问过去好比访问外国（异乡），那里的人们跟我们有点像也有点不像，观察他们可以增加我们对自己的认识。历史是揭示人性的，但不是通过抽象的哲学方式，而是通过让我们经历他人的经历，认识我们共有的人性。在这一精神过程中，想象力是至关重要的。

起源之前总有其他起源，后果之后总有更多后果。任何写下来的历史都仅仅是“真实历史”的一部分，远非全部。史家必须选择：他要决定什么是重要的，并基于这个判断来确定故事的起点与终点。当面对“只能如此”、“从来如此”的教条论断时，历史让我们提出抗辩，因为历史教给我们的是，自古以来就有多种可能、多种行动、多种方式、多个道路、多种结局。历史给我们提供了抗辩和异议的工具，抗辩和异议，提供了改变现实的可能。

历史学家为了现实、为了未来才去研究历史，研究历史不只是为了满足自己嗜古的偏好。为了确保当前社会走向期待中的未来，历史学家把过去邀请到现实中来，是为了看清楚我们究竟是如何从过去走到现在。这样，历史学家以回到过去、与过去对话的方式参与现实，以保护我们的未来。

二十多年前我刚留校在北大历史系教书的时候，担任新生班主任，给本班同学所办的杂志《南山石》投了一篇稿《梦见昌平园落雪》，主要是讲这个冬天会不会下雪，以及下不下雪与我们的主观努力究竟有什么关系。去年、前年和以前那些年份这个时候是不是下过雪，当然有助于我们预测今年同时期会不会下雪，然而过去也有过无雪的冬天。历史是有意义的，但是历史不能决定现在。我们可以做什么呢？我们可以有立场、有期望、有偏向。我们的期望也会有意义。我们期不期待下雪，意味着我们是不是参与了促成下雪。我写道：

> 未来也许并不完全是我们所期望的那个样子，但是如果没有我们投入其中的那些期望和努力，这未来就会是另一个样子，是我们更加无法接受的样子。

历史会影响我们的未来，但是真正决定未来的，是我们的现实，是我们当前的立场、意志和选择，以及我们的行动。

为此，作为历史学的从业者，我们应该珍视、保护并培育这三大美德：批判、怀疑和想象力。

有所不为的反叛者

我几年前在普林斯顿高等研究院（IAS）访问一年，那里有一位著名的理论物理学家弗里曼·戴森（Freeman Dyson），90 多岁了还每天到办公室上班，经常写文章、演讲，他写的很多文章是适合专业之外的人读的。后来我看到他有一本书叫作 *The Scientist as Rebel*，就是《作为反叛者的科学家》，书名很有意思。我想我们应该也有一本书叫作 *The Historian as Rebel*，《作为反叛者的历史学家》。这涉及历史学是干什么的，我们为什么做历史，我们做历史是为了谁。

历史学家归根结底不是传承什么文化，也不是要把某种古代的东西保存下来。他的使命本质上是质疑现有的历史论述，去反抗、去抵制种种主流的历史理解。我们身边的情形是，人们时时刻刻都在使用历史，但其实绝大部分都是滥用和错用——即便历史学家自己也不免于滥用和错用。可以这么说，我们讨论的历史，我们所使用的历史，我们所说的历史，多半都是靠不住的，经不起追究的。在我的领域也是如此，我是做魏晋南北朝史、北方民族史的，很多大家常常提到的东西都是经不起追问的。

比如有一个常见的说法，说魏晋南北朝时期江南的开发，这当然是中国历史上一个极为重要的事件，因为从此以后南方人口、经济的占比大大增加，整个历史都改变了。说起原因，中学教科书里有一句简单的话，而且大学里也有很多老师这样讲，说是因为北方战乱，大量北方农民到了南方，带来了北方先进的农业生产技术，所以南方就得到了大开发。我做学生的时候，很容易就接受了这个说法，等当了教师自己在课堂上可能也讲过。其实这个说法经不起追问：先进的北方生产技术是指什么呢？是作物品种，是生产工具，是种植技术，还是劳动者的组织方式？当时北方旱作农业比南方稻作农业的技术更先进吗？那么旱作农业的种种技术能够直接移植到稻作农业去吗？这是一个简单的说法，这个说法掩盖了许多深刻的历史议题。换个思路，首先要问的是，那时的南方劳动者是从哪里来的？都是北方逃难南下的流民吗？难道不是以土著为主吗？土著是些什么人呢？除了原有的在郡县体制下的国家编户，大量不说汉语、不服属国家管理的山区土著人群，所谓蛮人、山越，是如何进入国家体制的？今日所谓南方人，他们的祖先难道都是北方移民吗？当然不都是，或主要不是。更多的是南方土著人民，不是北方移民，而是被北方来的统治者成功改造过的，从蛮人、越人改造成了国家体制下的新型劳动者，他们转变了文化和政治认同，成了说汉语、服属王朝的华夏臣民，也就是我们今天汉人的祖先的一部分。由此完成了一个深刻的历史过程，华南变成了华夏也就是后来汉人的家园。然而这一转变不是那么简单流畅，那么理所当然的，不是一首浪漫曲，不是英雄史诗，其中充满了征服、反抗、血泪和压迫，充满了人类历史上许多近似情形下已为我们所知的那种人群对人群、体制对个体、强力对弱者所制造的痛苦。在我们熟悉的历史叙述中，这些痛苦早已被掩盖、被遗忘、被转化，成了一曲充满浪漫气息的、值得后人讴歌的英雄主义江南开发史。

历史叙述多半如此。哪怕是看起来确切无疑的那些说法，也经不起追问，经不起深入推敲。

那么历史学家做什么呢？历史学家去重新考察这些东西，作为一个 rebel，作为反叛者、起义者、异议者，去质疑那些被广泛接受的说法，重新质疑、一再质疑。在座各位不只有做历史的，还有各个学科的朋友，我想 rebel 这个定位对大家都适合，各个学科都差不多，要做的都是重新质疑已有的说法，我们都去做已有说法的异议者，都去做主流的抵抗者。不限于特定的时代、特定的社会、特定的文化和政治环境。不管在什么样的社会、在什么样的时代，所有学者，特别是年轻学者，都应该是反叛者、抵抗者。

正好最近我在想另外一个话题，就是历史学对历史的责任问题。历史学和历史学家不仅仅是黑暗时代的受害者，也是黑暗时代的制造者。历史学家参与了历史的内在发展，或至少是做了很多推波助澜的事。举一个简单的例子，大家都熟悉的，就是纳粹德国的历史。德国的极端民族主义、反犹主义，是哪里来的？其中作为基础的民族主义历史观，不能不说是17、18世纪以来德国历史学家的制造品，他们宣讲的民族史，特别是日耳曼民族史观，就是德奥历史学家的重要成绩。对日耳曼民族主义的一路上扬，这些历史学家做了大量不只是推波助澜的工作，甚至可以说他们就是主要的责任人。后来纳粹精神的很大一部分营养即来自这里。

看看我们今天，今天中国的民族主义发展状况，大家各有自己的体察。我们做北方民族史的，在网络上无论说点什么都会有人来骂，比如，大家肯定知道这几年大批网络爱国者对姚大力先生的围攻谩骂。其实我理解这些骂人的人，因为他们已经被教育成这个样子，他们骂是因为你说的历史和他们知道的历史不一样，而他们相信自己知道的历史才是真实的历史，你说的历史是错误的。那么他们的历史自信是从哪儿来的？其实也源自几十年甚至更长时间以来历史学自己发展出来的教条、观念或常识，不是突然出现的，不是这几年才有的，是很久以来、许多历史学家参与制造的。当我们反感、反对乃至痛恨此刻正在发生着的历史时，不要忘记这个时代是慢慢形成的，不是一两天突然冒出来的。纳粹德国不是希特勒凭一己之力突然制造出来的。希特勒式的领导人也是被历史制造的，历史知识恰恰是制造他们的原料之一。历史学和其他一切学科大概都是一样的，都是要对各自时代的历史负责任的。这个责任我们过去检讨得不够，我们太喜欢把自己当作受害人，把责任推出去。1945 年之后西方学界对纳粹时期的历史学、考古学，有很多批判、反思。其实还应该追到更深更远的地方，因为 20 世纪的学者又是继承他们前几代的学者而来的。

历史学家做什么，为谁做？所谓探究真理、探究真相，该探究什么，为谁、为什么探究？这些都是应该反思的。没有哪一个学科、哪一个人能宣称自己真正掌握了真理，这是到了今天我们应该完全明白的事情。但是做什么、不做什么，做到哪个程度，这确实需要我们反思学术史上、历史上的教训。李礼让我在签到板上写句话，我就写了句“有所不为”。今天我们必须知道可以做什么，不可以做什么。不可以做的，坚决不做。作为一个 rebel，一个反叛者，有所不为是一条原则。

一切史料都是史学

20 世纪初中国现代历史学建立时，傅斯年曾提出过一个广为人知的口号——史学就是史料学。经一个世纪的发展，历史学在中国已取得巨大的进展，今天我们讨论史料与史学的关系时，应取何种立场、何种视角？我觉得到了把傅斯年的话反过来说的时候了，那就是：一切史料都是史学。

告别中国传统史学：历史学只是史料学

九十年前傅斯年创办中央研究院历史语言研究所。之所以要把历史学和语言学放在一起，是因为他受到德国近代学术传统的影响，语言学是那时人文学术最显现科学性和取得最显著成就的学科，对相近学科有巨大的冲击和引领作用。五四一代的新锐学者强调要用科学的态度和方法改造传统学问。傅斯年在 1928 年史语所创立伊始，发表著名的《历史语言研究所工作之旨趣》，说道："近代的历史学只是史料学，利用自然科学供给我们的一切工具，整理一切可逢着的史料。”站在科学的立场，历史学必须建立在对史料的搜集、整理、鉴别、分析和解释的基础上，传统历史学有太多崇古、信古的东西，根本上说，是分不清传统文献中哪些可以作为史料、哪些不能作为史料，或者说，各种成分复杂的史料，其使用价值各自有哪些边界和局限。在理论上、思想上树立了史料意识，现代历史学的发展也就得到了一个重要保障。正是因此，“历史学只是史料学”，成为现代学术史上一句斩钉截铁的名言。傅斯年也在其他场合反复说到这个话题，例如：

> 史学的对象是史料，不是文词，不是伦理，不是神学，并且不是社会学。史学的工作是整理史料。(《史料论略》)
>
> 历史这个东西，不是抽象，不是空谈……历史的对象是史料，离开史料，也许可以成为很好的哲学与文学，究其实与历史无关。(《考古学的新方法》)
>
> 史学的工作是整理史料，不是作艺术的建设，不是做疏通的事业，不是去扶持或推倒这个运动，或那个主义。(《史学方法导论》)

在傅斯年明确提出史料学的科学观念之前，已经有不少学者在这个意义上进行实践了，其中影响最大的是胡适。

1917年，胡适来到北大接手中国哲学史课程。以前这门课程都由年长的教授主讲，在胡适之前的陈汉章从伏羲女娲讲起，一个学期也讲不完上古。顾颉刚回忆胡适接手后的讲法："他不管以前的课业，重编讲义，劈头一章是'中国哲学结胎的时代'，用《诗经》作时代的说明，丢开唐、虞、夏、商，径从周宣王以后讲起。这一改把我们一般人充满着三皇五帝的脑筋骤然作一个重大的打击，骇得一堂中舌挢而不能下。许多同学都不以为然；只因班中没有激烈分子，还没有闹风潮。"（顾颉刚《古史辨》第一册）胡适把号称五千年的历史删去了一半，为什么呢？因为传统叙述中，关于那些时代的哲学和历史充斥着神话与传说，考察这些由来已久的论述，会发现其构建基础都是经不起科学方法检验的史料。在胡适那里，经不起现代史料学检验和认可的，也就不能是现代历史学所认可的，因而要从现代历史论述中排除掉。

胡适这样讲，当然把深习旧学的北大同学们吓了一跳，他们让在学生中有威望的傅斯年也去听。胡适自己回忆说："那时候孟真（傅斯年）在学校中已经是一个力量，那些学生们就请他去听听我的课，看看是不是应该赶走。他听了几天以后，就告诉同学们说：'这个人书虽然读得不多，但他走的这一条路是对的。你们不能闹。'"傅斯年从这个时候开始受到胡适的影响。七八年以后他打出史学即史料学的口号，至少一部分缘由是在这里。到1921年梁启超在南开大学讲授《中国历史研究法》，也专辟一章讲《史料之搜集与鉴别》。

当然，现代历史学发展到今天，我们回头看傅斯年，如果忽略他所面对的时代大环境，会觉得他那句话过于僵硬——怎么能说史学只是史料学呢？在今天的历史学学科框架下，史料学只是一个分支，史料是史学研究的一个基础、一个前提条件而已，怎么能涵盖全部史学呢？可是傅斯年他们那时针对的是仍然占据优势地位、拥有绝对多追随者和信徒的传统中国史学。传统的中国史学固然不是不辨真伪地使用文献和材料，但没有在理论上区分史料与史学，对古代史料缺乏批判鉴别的方法自觉，这使得读史者更倾向于盲目崇古信古，越古老越盲从。古代，无论东方还是西方，当然也有许多优秀的学者能处理混乱复杂的史料，并从中获得至今仍有价值的历史解释，但他们的成就主要依赖于经验与才能，他们基本上不具备理论和方法的自觉。更多的学者则是盲从教条。无论中国的传统史学多么发达，但那是在古代条件下的发达，学科本身没有发展出史学与史料学的理论自觉。史料是历史学的关键因素。中国现代学科体系中的历史学，发端于重审史料，由此告别了、解放了并且现代化了中国传统史学。

这样我们就可以理解，为什么西方史学又把现代历史学诞生之前的传统历史学家称为古董学家（antiquary）。古董学家对史料与历史不加分别，他们不分青红皂白一股脑儿地接受遥远往昔的东西。约翰·阿诺德（John H. Arnold）说：“古董学家热爱过去。古董学家与历史学家之间在此有清晰的分野。……比起他们所讲述的故事来说，古董学家对过去有大得多的爱意要表达。”不过，也正是古董学所积累、发明和发展出的种种技术与规则，使得现代历史学的出现成为可能。明确什么是史料、如何处理史料，历史就不再是古董，而成为现代思想和现代智识的一部分。

现代史学的基础是搜集、整理、审查、鉴别、分析史料，任何议题都有自己的史料范畴，研究者要做的就是在此范畴内排除或扩充史料。当学者把什么是史料、怎样对待史料、怎样排列和分析史料当作研究任何课题的首要工作来做，很自然地，神话就不再能当作历史的一部分了。缺乏史料观念者必定“信古”，重审史料者难免会“疑古”。重审史料，把非历史的论述从历史学中排除出去，在此基础上展示历史的真实面向，这正是疑古学派最成功的地方。正是在这个意义上，胡适表彰《古史辨》是“中国史学界的一部革命的书，又是一部讨论史学方法的书”。影响深远的革命必定是在理论和方法层面取得了成功。考古也好，证古也好，都以全新的史料观念来进行。在这个意义上，从疑古开始到今天为止史学的重要发展是一脉相承的。

所以，对于发展了一个多世纪的中国新史学来说，这样的共识已不再会遭遇质疑：一切可借以认识过去的都是史料（包括传世文献和出土文献，也包括文字材料和物质文化），我们视之为史料而非直接等同于历史；规范使用史料是史学的生命所在，历史学早已在史料学方面建立起最严格的游戏规则。就此而言，中国现代历史学的开路先辈取得了巨大成功。对此今天我们已不会有任何异议。只是随着学科的发展与积累，今天我们面对的问题是，接下来应该再怎么往前走？

新的一步：一切史料都是史学

认识到史学的关键和基础是史料学，对传统史学的现代化具有重要意义。现在我们要再往前迈进一步，提出一个新的说法：一切史料都是史学。我们认为一切史料都应该当作史学来对待。

首都师范大学的孙正军老师近年来提倡"史料批判研究"，在学界产生了较大影响。史料批判研究对史传文献持有批判、质疑的目光，容易让人联想到现代历史学建立之初所提出的史料学以及当时的疑古思潮。在《魏晋南北朝史研究中的史料批判研究》一文中，孙正军说明了史料批判研究和史料学的区别。他说："传统史料学的重点在于确保史料真实可靠，以求真求实为首要目标"，而"对于史料批判研究而言，史料真伪并不重要，重要的是史料为什么会呈现现在的样式"。史料批判研究受到后现代史学文本观念的影响，"并非只是向疑古运动简单回归"。

"史料批判研究"的合理性和启发性是毋庸置疑的，它的出现是对二十多年来中国史学实践的一个重要总结。但我觉得，这个提法在思想上、理论上和方法上仍然是“不彻底”的。我认为到目前为止的史料批判研究，只是把历史史传文献当作了工作对象，也就是我们俗称的文献，而未能涵盖新史学建立以来所拓展的全部史料（至少是全部有文字的史料）。因此，我们应该再往前走一步，提出“一切史料都是史学”。也就是说，不仅要涵盖一切已经被新史学开拓出来的史料，而且要涵盖尚未被新史学开拓出来的史料。

已经被新史学开拓出来的史料，既有文字史料也有非文字史料。文字史料包括孙正军所提到的历代文献，也包括不是文献的文字。凡往昔之一切文字，无论书写于何种载体上，为何种书写体裁，文字多少，无不是新史学所开拓出来的史料，例如档案、地契、日记、板报等。把所有文字都看作一种史学写作，作者都有清晰的读者设定和写作目的。无论是完整的还是残碎的，哪怕是一句话，哪怕是一个碎片，都可视为一部史书的残剩部分，都有特定的写作者（authorship），其作者本有清楚的诉说对象（readership），有明确的、特定的写作目的。这样的材料，我们都应该把它当作史学来对待，如分析一部史著那样去分析其作者、读者和写作目的，而不是简单地认定为某种“客观史料”。从作者、读者与宣讲目的的角度看，所有史料都是一部史书。一部《史记》和街上一张大字报，在这个意义上没有区别，都可视为一部史学作品。古人写点什么，不是为了保存下来给很多年之后的史学家当作史料用的，而有他那时特定的读者对象和写作目的。

还有非文字史料，如考古遗址、墓葬形制、出土器物等，也应该当作历史著作来阅读。当然，现代学科体系已发展出专门的学科、专门的技术来处理和解读这类非文字历史著作，比如考古学、艺术史、人类学等。这些学科都已发展出一些技术性非常强的阅读方法，值得我们学习和参考。

不过，当我们说“一切史料都是史学”的时候，我们说的“一切史料”还“涵盖未被新史学开拓出来的史料”。这是什么样的史料呢？新史学已经把一切存在于世的事物都当作史料了，还有什么是没有被开拓出来的呢？那就是从来就不存在，或现在已不存在的“史料”，比如那些被遮蔽的、被消失的、被遗忘的、看不见的。比如没有水的、正在消失的鄱阳湖，物理世界上并不存在的独角兽，因过度污染而不再有鱼生长的池塘，浓重雾霾下看不见街道和楼房的北京城，还有著名油画作品中被抹掉了朱德的《井冈山会师》，被抹掉了刘少奇、高岗和其他重要人物的《开国大典》，等等。空白，没有，也是史料。这就联系到我这几年常说的一个话题：遗忘。

遗忘塑造记忆。20世纪中期以来的一个基本常识，历史是一种记忆，史学被当作一种记忆来讨论。但事实上，是遗忘在塑造我们的记忆，理解记忆的关键在于理解遗忘。遗忘有很多意义。比如一天记诵一万字，我怎么也记不下来，这种遗忘是个人生物属性上的局限。过去有“集体失忆”的概念来与集体记忆相对应，也是强调由于记忆能力的不足而无法维持与过去的联系，这种失忆是一个消极过程。而我们现在要讨论的是积极的遗忘，是出于某种目标，主动地、有意识地切断与过去之间联系的遗忘。焚书、文字狱、删帖、屏蔽敏感词或禁言，就是要造成一种主动的遗忘、一种强制性的遗忘。对于研究者来说，这样的遗忘是有历史学意义的。

记忆的形成过程，一方面是努力记住一些东西，另一方面则是努力忘记一些东西。我常常强调“遗忘的竞争”，因为我们能够了解的所谓过去、所谓历史，都是不完整的碎片，这些碎片是往昔岁月中持续进行的各种竞争——记忆与记忆的竞争、遗忘与遗忘的竞争、记忆与遗忘的竞争——的结果。那些相互矛盾冲突的史料碎片，不再是简单的孰是孰非、孰真孰伪的关系，值得我们辨识的是它们各自体现着怎样的叙述传统，代表着怎样的竞争力量，反映了什么样的竞争过程。我们要考察那些被排斥在记忆之外的内容，特别要看到某些特定内容是被什么样的权力组织精心且系统地排斥出集体记忆之外的。过去几千年我们能够看到的传统史学，就是这种被安排的结果。中国史学有官修正史悠久的、独特的传统，这反映了政治权力作为历史叙述竞争力量的绝对优势地位，所有其他竞争者都因弱势而难以发声。傅斯年说传统的史学是“每取伦理家的手段，作文章家的本事”。当我们意识到存在着遗忘的竞争，就会发现如果我们不能了解掌权者为何、如何实现某些事项的遗忘，以及这些事项大致上可能是什么内容，那么无论进行什么样的道德伦理批判，都不能使我们向历史走得更近一些。因此，那些遗忘，那些看似不存在的，也是我们必须关注的“史学”。

拂去竞争的烟尘：探寻真相失落和被涂抹的历史

关于记忆与遗忘的竞争，我举一个很好的研究实例。陈侃理在日本出版的《中国史学》第 26 卷（2016 年）有一篇《〈史记〉与〈赵正书〉——历史记忆的战争》，对于《史记》的史料学特色有非常好的讨论。讨论的主要线索是，秦二世胡亥之继秦始皇为皇帝，到底是不是秦始皇临终指定的？传统史学中只有《史记》一种说法，即胡亥本非秦始皇指定的嗣君，而是在秦始皇死后由赵高、李斯矫诏诈立。对于如此充满潜在争议价值的事项，秦末汉初必定存在多种说法，但是因《史记》的独特地位，两千年来，司马迁所取的说法便成唯一幸存者，其他说法早已消失。如果不是因为今日幸见出土竹书，研究者即使对《史记》的说法颇存疑虑，也因全无证据而无从质疑。北大藏西汉竹书《赵正书》恰好提供了一个不同的叙事，说秦始皇临终让大臣议嗣位人选，李斯建议胡亥，始皇说“可”。不同的史料足以引发对这个问题的再检讨。司马迁和他父亲司马谈肯定是接触到了《赵正书》所记的这个说法的，甚至应该还接触过其他说法，但为什么

《史记》选择了现在这个版本的故事呢？陈侃理指出，《史记》版叙事起于楚人反秦时的政治宣传，“胡亥不当立”的说法遂与汉朝的法统发生关联，自然为《史记》所取，其他说法慢慢消退，终至湮灭。

《赵正书》属于“小说者流”，在传统史料学框架下当然不足与千古杰作《史记》并列，但正如陈侃理所说，《史记》的史料来源大多数本就是和《赵正书》差不多的百家杂纂，今人应该在史料意义上把它们放在同一个平台上审查。不同研究者也许会在这两种叙事间各有自己的倾向性，但这里并不是急于是此非彼，而是在这个案例中看到了把史料当作史学的必要性。《赵正书》与《史记》有关秦二世继位的两种叙事，与其他我们已不知道的叙事之间，当然是一种古老的竞争关系，本来《史记》版叙事已经取得绝对胜利，出土竹书却使这种竞争死灰复燃。面对这种竞争，我们不能简单地偏向任何一方（或如传统史学那样，过度信任《史记》的经典地位；或如当今某些研究者那样，一味偏向时间更早的出土文献），而要把它们都视为一种史学写作，看看各自分别由谁写、写给谁以及为了什么目的而写。这样，史料分析首先是一种史学分析。如陈侃理所说：“我们所要求得的历史之真，不仅限于史料记载的‘事件’之真。……历史学家不会轻易满足于接受胜利者的战报，他们‘上穷碧落下黄泉’，为的是回到历史记忆战争的现场，考察战争中的各种细节和可能，追寻真相，以及真相失落和被涂抹的历史。”

我说过，今天的历史学家应该为所有那些被遗忘的、失去了声音的人发出声音，去探究现有的在竞争中胜出的历史叙述是如何形成的。当然这主要是年轻的、未来的历史学家们的责任。现有的历史叙述充满了神话和陷阱，因为历史是被说出来的，被制造出来的。我们要知道，历史越是单一、纯粹、清晰，越是危险，被隐藏、被改写、被遗忘的就越多。我们要拂去竞争的烟尘理解过去，展示历史本来的多种可能。

这两年十分红火的《人类简史》，虽然我并不认为它是一本很好的历史著作，但书里常常有一些很好的思想和表述。比如书里讲到为什么要研究历史，说历史和其他那些所谓科学的学科不同，历史不能试验、实验，不能反复发生，也不可预测。学习和研究历史，不是为了预测未来，而是为了扩大人类的视野，理解我们现在所处的情况既不是自然的，也不是不可避免的。我们必须知道，我们的过去有非常丰富的可能，而不是如今天呈现在我们面前、特别是呈现在某些叙述中的那样单一和绝对。

遗忘的竞争

一、遗忘造就历史

博尔赫斯（Jorge Luis Borges）的短篇小说《博闻强记的富内斯》（*Funes,the Memorious*），写一个名叫富内斯的普通人，因为从马上摔下来，从此获得了不可思议的记忆能力，凡是他见过、读过、听过、感受过的，都不再忘记。用富内斯自己的话说，他一个人的记忆抵得上开天辟地以来所有人的记忆的总和。事实上这话是绝不夸张的。看一眼附近的山，我们最多记得山的形状和大致的色彩，他却记得那山上的每一棵树、每一片树叶、每一根小草，以及山上的一切事物在每一个不同时刻的不同色彩和形态。在富内斯的记忆里，时间是绵密、连续、清晰并且可以分解到最小单位的。他最大的苦恼是处理这些记忆，过于丰富的细节使分类变得不可能，因为分类的前提是概括，概括的基础应该是此起彼伏的断裂，而不能是如此完美的连续。有了他这样的记忆力，我们不仅无法理解“白马非马”这一古典逻辑辩论，甚至也无法讨论“白马”这样的概念，因为我们头脑中并没有抽象的“白马”，只有巨量的、彼此相异的、具体的白马。富内斯觉得，他至死也完不成对儿时记忆的分类，更不要提别的时期了，所以他说：“我的记忆就像一个垃圾场。”可怕的地方在于，这个不断膨胀的垃圾场会永远相伴，直到他的生命被彻底吞噬。

富内斯的故事以极端的方式提示我们，对于生命来说，遗忘比记忆更重要，或者说，正是遗忘塑造了记忆，理解记忆的关键正在于理解遗忘。记忆取决于遗忘，遗忘造成物理时间的断裂与破碎，使得记忆呈现出生命时间的意义。富内斯的悲剧在于他丧失了遗忘的能力，因此他的生命时间被置换成了物理时间，而他所说的普通人“视而不见、听而不闻”（looking without seeing, listening without hearing），才是揭示生命本质的秘道之一。从这个认识出发，遗忘不再是人类被动和消极的一个生理缺陷，反倒是人类之所以成为人类的前提条件，从而具备了主动和积极的意义。尼采在《道德的谱系》中谈到了“主动遗忘”：“遗忘，并不像平庸肤浅的人们所相信的那样是一种简单的怠惰，反而是一种……提供沉默的积极能力，是为无意识所提供的洁净的石板，为新来者腾出空间……这些妙用就是我所说的主动遗忘。”在尼采看来，主动遗忘就是为了治愈创伤、克服心魔而故意忘记过去。在这个意义上，遗忘就具备了肯定和确认的功能，而不是表面上的拒绝和排斥。有时，遗忘过去就是为了重新开始，打破时间的连续，就是为了使一个期望中的未来有可能呈现。

近代以来的历史理论自觉地把记忆与历史联系起来，视历史为社会集体记忆的产物，并发展出一系列丰富深入的记忆论述，其中比较重要的如勒高夫（Jacques Le Goff）的《历史与记忆》等。不过近二十多年来，人类学和社会学等学科开始重视遗忘研究，与早已存在的“集体记忆”相对应，“集体遗忘”（collective forgetting）成为一个重要的学术概念。在此前的研究中，与集体记忆相对应的概念是“集体失忆”（collective amnesia）。“失忆”的提法倾向于强调个人和社会在记忆丧失过程中被动的一面，也就是说，由于记忆能力的不足，社会与个人无法维持与过去的联系，所以失忆是一个消极过程。新兴的遗忘研究则赋予遗忘过程以积极意义，强调的是社会和个人出于当下的需要和明确的目的，主动地、有意识地切断与过去之间的联系。

遗忘研究的一个共识就是，记忆可以由遗忘来定义。记忆犹如孤岛，环绕着这些孤岛的则是遗忘的海洋。记忆的形成过程，一方面是努力记住一些东西，另一方面则是努力忘记一些东西。如果说集体记忆是指某一特定社会所共享的记忆，那么要研究这些共享的记忆，就不能只考察那些被记下来的内容，还要考察那些被排斥在记忆之外的内容，特别要看到某些特定内容是被权力组织精心且系统地排斥出集体记忆之外的，研究者应该深入考察这种排斥的原因、方法与路径。制造遗忘是社会用以构建并维持集体记忆的手段之一。如果说集体记忆是建设集体认同的基础，那么记住什么与不记住什么对于集体认同来说就具有同等重要的意义。比如说，对 2004 年马德里爆炸案的共同记忆固然是西班牙人集体认同的基础之一，而同时，遗忘或回避有关殖民时代野蛮对待拉美土著的那些血腥往事，同样也是西班牙人集体认同的一个组成部分。

遗忘研究给历史学带来的重要启示之一，就是用新的眼光看历史：原来我们所能了解的历史史实，不过是被种种力量筛选过的、幸存下来的碎片，另外那巨量的史实，都已被屏蔽和排斥在我们的记忆库之外了。我们无法了解的那些，有相当一部分是前人认为不应该或不值得为后人所了解的。我们不知道的过去，固然可以称为失忆（amnesia），或曰历史记录的空白，但这种失忆和空白，一定程度上是遗忘（forgetting）造成的，是前人积极行为的结果，是符合前人预期的。当然，这里所说的“前人”，并不是一个单一意志的人群或力量。事实上，与当前我们自己身处其中的社会一样，“前人”也从来都是由多重利益和意志主体构成的，多个人群对于如何叙述历史必定存在彼此相异的主张，而且他们都会采取行动以尽可能实现其主张。一些人力图遮掩的，另一些人则拼命要昭告天下；一个集团认为必须让后人长久记忆永不遗忘的，另一个集团则会尽力消除其所有痕迹以使后人完全不知其存在。因此，遗忘什么，记住什么，哪些是应该传下去的历史，哪些不应该让后人知道，在任何时代、任何社会，都存在着激烈的竞争。

我们今天一律视为史料的那些历史碎片，就是往昔岁月中持续进行的竞争的结果。如果参与竞争的力量比较多元，各竞争力量间的平衡度也比较高，那么留存下来的史料就会显得较为混乱，因而给后来研究者开放的空间就比较大。如果参与竞争的力量比较单一，而且竞争者之间在资源和权力方面严重失衡，那么竞争的结果就会只剩下优胜者整齐划一的历史叙述。在这个意义上，相互矛盾的史料可以看作不同历史叙述长期竞争的残迹，对这些历史残迹的分析，可以看得出时代的地层关系。历史不只是记忆之间的竞争，而且是遗忘之间的竞争。由这个立场出发，可以认为相互矛盾冲突的史料，不再是简单的孰是孰非、孰真孰伪的关系，值得我们辨识的是它们各自体现着怎样的叙述传统，代表着怎样的竞争力量。正如王国维所说 :“即百家不雅驯之言，亦不无表示一面之事实。”

在政治权力高度集中、国家对社会具有压倒性优势的文化–政治体，历史叙述的竞争主要体现为政治权力要排斥一切不利于或无助于政治权力的历史叙述，从而使服务于政治权力的历史叙述获得独尊地位。这一认识促使我们重新审视中国史学官修正史的传统。官修正史的一枝独秀，恰恰映照了政治权力作为历史叙述竞争力量的绝对优势地位，其他所有竞争者都因弱势而难以发声，在这一传统之下，众多的非官方历史叙述早已被排斥、屏蔽和遗忘了。官修正史代表王朝的政治立场和利益判断，不符合王朝利益的往事为正史所屏蔽，因而也就为社会所遗忘。遗忘研究已经指出，要实现遗忘，不仅可以通过缄默，而且可以通过喧哗。全社会对一个事件的缄默不语固然会造成该事件彻底从记忆中消失，而全社会热议与该事件相关的其他事项却完全不提该事件本身，同样会造成该事件的遗失。官修正史看起来是为了记录历史，但某些特定的重大事实被有意忽略，其结果就是读者无法获知其存在，这就是采用了在喧哗中实现遗忘的策略。正史制度本身，可以说就是专制集权政治体系的一个组成部分。中国官修正史连续编纂的传统并不表明中国史学的丰富伟大，因为政治强权对历史论述的独占使得许多重要事项很早就被成功地遗忘了。

历史是社会健康的基本要素，其功能是通过讲述过去而帮助现在。然而构成社会的各人群在当下利益格局中的不同处境，决定了他们对讲述过去的不同需求。虽然古代史学很早就树立了董狐、南史这样的“直笔”楷模，历史编纂似乎也很早就标举求真的高尚目标，但对“真”的判断却可能因人因时而异。当然，从现代历史学的立场出发，任何篡改和忽略已知史实的历史论述，都会被排除在历史学的范畴之外。而在历史学自身的历史中，早已发展出超越文化差异的求真原则，以及放之四海而皆准的史学论证的技术规范，从而使得历史学具有了科学的属性。这种发展容易给人一种错觉，似乎具有科学属性的历史学的研究对象本身也具有科学的稳定性和确定性。其实历史学的这一发展，恰恰源于其研究对象所具有的不稳定性和不确定性。不要说前文字时代的口传历史时时刻刻都面临改写，即便是有文字时代的历史书写，也处在因应需要而不断增损的过程中。这么总结似乎并不是故作惊人之语：历史的本质属性之一就是其不确定性。霍金在《时间简史》中问道："为什么我们总是记得过去，而不是将来呢？"或许我们可以这样回答：任何人都宣称自己记得过去，恰恰因为过去是不确定的、可变的。不确定的历史因应现实的需求而改变，历史编纂就成为一项永不止息的政治作业，因而历史论述本身也具有了命中注定的不确定性。

在有文字时代里，参与竞争的某些历史论述虽然被压制、被排挤，但仍可能通过书写载体而幸存，或存留一点残迹，等待未来的同气相求者的发现以再次登场。弱势的论述尽管会被碾压、被撕扯、被消音，但仍可能保存一些印痕、碎片，等待着被未来的竞争力量发掘、复原并发扬光大。书写使竞争变得更复杂、持久，使完全的遗忘变得更难以实现，但这个事实并没有使竞争的激烈程度有所下降，恰恰相反，竞争甚至变得更加暴烈、血腥了。如果"焚书坑儒"还不是最合适的例证，那么两千多年间频频发生的史案和文字狱，总可以说是国家权力控制历史论述的鲜明表征。不过应该注意的是，即使在官方掌握的历史编纂机构里，一些历史学家也未必能及时理解真正的“官方”意志，或甚至与掌权者持有相异的史学立场，类似的冲突会造成历史编纂的怠工或写作表达的隐喻。体制内的职业历史学家中，从来就不缺乏刘知几那样“满肚不合时宜”（浦起龙评语）的人，也偶尔会有董狐那样“书法不隐”（孔子评语）的所谓“良史”。“良史”总是因为要记下掌权者认为必须忘记的事情，通常没有好下场，遗忘才是这类冲突的主旋律。

后之论古，倾向于批判和否定历史上权力对于直笔的压制，也许这可以看作伦理意义上历史学对先前竞争失败者的一种补偿，以及对滥用权力者的一种报复。不过，补偿也好，报复也好，道德评判在这里未必有助于揭示历史真相的复杂性和丰富性。从遗忘的竞争这个角度说，如果我们不能了解掌权者为何、如何实现某些事项的遗忘，以及这些事项大致上可能是什么内容，那么无论进行什么样的道德批判，都不能使我们向历史走得更近一些。下面我用具体的案例，来展示以上有关遗忘思考的史学意义，及其在引导我们揭示历史丰富性和复杂性方面所可能发挥的作用。

二、崔浩国史之狱

中国古代史案之暴烈血腥，未有逾于北魏崔浩国史之狱者。《魏书 · 崔浩传》记太武帝太平真君十一年（450）“诛（崔）浩，清河崔氏无远近，范阳卢氏、太原郭氏、河东柳氏，皆浩之姻亲，尽夷其族”。这么大的案件，当时宣布的罪名是什么，史无明文，似乎并没有直接与国史挂钩。《魏书》说“有司按验浩，取祕书郎吏及长历生数百人意状”，把崔浩掌控的专业部门的人全都抓来逼供，最后“浩伏受赇”，即承认受贿，于是结案，“其祕书郎吏已下尽死”，崔氏及其姻族尽被夷灭，凡与崔浩有工作关系和社会关系的，几乎全都牵连进去。如此大案，正式的罪名很可能也仅仅是收受贿赂而已，也就是说，崔浩案名义上只是一个经济案件，但处罪之重，却明显表明他的问题不是“受赇”那么简单。然而当时及后来的人对此似乎都很明白，所以魏收在《魏书》里多处说明崔浩获罪与国史编纂有直接关系，交代了修史细节，明确指出这就是一起因修史而造成的大案。

正如《魏书》所记高允之言，崔浩“直以犯触，罪不至死”，修史有错误，何至于诛杀如此之重？现代研究者也有人循着这个思路，讨论崔浩之死，史案也许只是一个诱发因素，真正造成残酷处理的原因当并非国史。那么，会是什么原因呢？有学者提出可能崔浩得罪了太子拓跋晃和其他鲜卑勋贵，得罪之由既可能是因为崔浩排佛的立场助成了太武灭佛，也可能因为他一贯企图复兴士族社会秩序而开罪了鲜卑贵族，还可能因为他长期受宠而遭受其他官僚的仇嫉，等等。也许我们还可以加上一个猜测，就是太武帝后期似乎对两类人格外警惕，屡兴大狱，一类是那些在术数占卜图谶方面拥有特殊技能的人，另一类是长期在他身边受宠得势位居要害的人，而崔浩恰好两头都占了，在某种政治情势下完全可能遭受严厉打击。探寻崔浩案的研究者通常都会注意到《魏书·高允传》里的一些材料，但应该考虑到其中很多说法也许是长寿的高允后来自己写定或传出来的，未必可以据信。无论如何，至少在《魏书》和《北史》里，崔浩案就是一个史案，是因为历史编纂而引发的政治迫害。哪怕崔浩获罪另有难以考知的隐情，至少崔浩被告发的直接原因是他主持的国史。那么我们应该看看，到底是国史的哪些记录引起了太武帝的雷霆之怒呢？

周一良先生在《魏晋南北朝史札记》里有一条《崔浩国史之狱》，对这个问题进行了最深入的考察。周先生根据《魏书》称崔浩所修国史“尽述国事，备而不典”，意识到“不典”才是崔浩国史引发鲜卑人激愤的主因。根据周先生的考证，所谓“不典”，至少有这样两条：一，关于苻坚灭代之后，代王什翼犍之死及道武帝拓跋珪被迁至蜀，崔浩如实记录，等于暴露了北魏统治者祖先的羞耻屈辱；二，道武帝之父献明帝拓跋寔死后，很可能拓跋寔的父亲什翼犍收继了拓跋寔的妻子、也就是拓跋珪的母亲贺皇后为妻，造成南朝人不知道拓跋珪到底是什翼犍的孙子还是儿子，而且贺皇后还跟什翼犍生了拓跋觚，崔浩可能把这样的事情也记入国史之中了。这第二条涉及北族的收继婚习俗，“盖此类事鲜卑族本不以为奇，迨太武帝时渐受汉族文化影响，乃讳言其事”。周先生考证，道武帝拓跋珪的同母弟拓跋觚，其实是他母亲与他祖父什翼犍所生，“翁媳婚配，当时并不以为怪，至崔浩国书之狱后，史家始讳言之”。周先生的结论是，正是这类“备而不典”的直笔，伤害了太武帝及鲜卑贵族的自尊心，引发了国史之狱。

周先生的考证给后人进一步思考这个问题提示了方向。什翼犍的代国史事模糊不清，一方面自然是北魏史书忌讳造成了遗忘，这是周先生已经指出了的，而另一方面也和书写语言有关。书写语言与口头语言的分离，是十六国和北朝前期大多数国家的问题。代国实际行用的语言是混杂了古突厥语（Old Turkic）的一种古蒙古语（Proto-Mongolic），书面写作却只能用汉语，而且其他国家记录代国的事情也只能用汉语。因此，在记录一些需要音译的专名时，不同译者可能会使用不同的汉字，同名异译在十六国北朝文献中便极为常见，而异译通常未必能够被读者还原到同名的源头上，造成异译各自存在。我在《北魏道武帝的鲜卑语本名》一文中，把南北史料中道武帝名字的各种译名归结到一起，发现都是 ilqän/il-qan 的不同汉字转写，以及对汉字转写的进一步省略和修饰。其实，道武帝的祖父什翼犍的鲜卑语本名，也是 ilqän/il-qan。《晋书》记什翼犍之子翼圭背叛其父，这个翼圭在别的地方又写作寔君，其实寔君和翼圭是取自同一个名字的不同音节，合在一起就是和什翼犍一样的 ilqän/il-qan。据此可以推想，道武帝的父亲献明帝寔，也是“什翼犍”这类译名的节略，所取的是汉字转写的词首音节，什写作寔，可能都是后来书写者为了有所区别所做的安排。如果背叛者寔君与献明帝寔不是同一个人，那么什翼犍的儿子中至少有两个人的名字都是 ilqän/il-qan，和他本人一样，而且也和他的孙子、后来的北魏开国者道武帝的名字一样。这在北族社会里当然也是正常的，ilqän/il-qan 是中古鲜卑社会里极为常见的名字，父子兄弟同名也不奇怪。但用汉字转写记录下来，就造成史料的极大混乱，结果同一个人被写成不同的几个人，不同的人被写成了一个人。

十六国时期拓跋先世的历史难以厘清，语言和书写的确是一个原因，不过最主要的原因，可能还是如周一良先生所说，是历史编纂时太多忌讳造成的，而当这两个因素结合在一起时，史事的遗落、线索的混乱和资料的相互矛盾就成了一种常态。代国亡国前后的历史就算北魏人已记忆不多，苻秦必定有较为详细的记录（当然会有对前秦军政领袖夸大和美化的一面），只是这些记录到了北魏会经受排查、筛选和删除，即使到崔鸿编写《十六国春秋》之时，他也必须斟酌轻重，谨慎地选择苻秦史料。这就是为什么在代国灭国、什翼犍死亡、什翼犍之子背叛、什翼犍或拓跋珪入秦等重大史事上，研究者至今还处在疑虑重重的猜测阶段。如果我们把残存的零星史料看作诸种历史论述相互竞争的结果，那么显然参与竞争的各方都在强制遗忘的压力下耗尽了生命。不仅前秦，十六国的许多国家，如汉赵、后赵、前燕都曾与拓跋先世有诸多关联，而后秦、西燕、后燕、赫连夏、北凉、北燕等，都与北魏前期重叠共存。这些与拓跋存在一定历史重叠的政权，要么有过敌对关系，要么曾经以保护者的身份处在更优越的地位。他们大多数都有文献档案制度，照说总有很多资料最终落入北魏的控制，但这些资料必定有相当一部分是不利于北魏历史叙述的，可以设想这类记录也会遭到闭口甚至灭口的对待。

崔浩并不是一个书呆子，编写国史的目的是表彰北魏政权，他自然不会把明显令北魏统治者蒙羞的史料引入国史的写作。崔浩卷入修史，始于神䴥二年（429），受太武帝之命参与撰录，在邓渊旧稿的基础上编为三十卷《国书》，“以成一代之典”，总结了太武帝灭赫连夏之前北魏的全部历史。那时崔浩政治上地位不高，只是以一个普通文人的身份参与其事。到太平真君元年（440），太武帝已扫平诸多敌对政权，行将统一北方，建立了远超父祖的功业，有必要把自己的非凡成就写入历史，所以下诏命已高居宰辅之位的崔浩“综理史务，述成此书”。虽然太武帝叮嘱崔浩“务从实录”，但这次“续成前纪”的工作，主要就是歌颂神䴥以来十几年间太武帝的辉煌武功，所谓实录、直笔，都是把这一部分写好的意思。崔浩负责全书的“损益褒贬，折中润色”，就是给史稿在政治与文学两个方面进行把关。给崔浩惹下大祸的，应该不是《国书》中有关太武帝的这一部分，而极可能出在十几年前编订的那三十卷之内。在有关拓跋早期的那一部分历史中，以崔浩政治经验之丰富，他也不大可能直接引据敌对政权的负面记录，记下那些令拓跋统治者蒙羞的政治和军事事件。那么，崔浩的弥天大罪，应该出自他未曾在意，或以为早就被审查过关了的一些内容，而那一部分内容，乃是因袭邓渊《代记》的旧文。

田余庆先生在《拓跋史探》中有一章《〈代歌〉、〈代记〉和北魏国史》，从史学史的角度考察国史之狱与北魏史风污染的问题。与此处议题相关者，田先生的重要贡献是揭示出北魏早期历史的传承，有一个从鲜卑语歌唱史诗向汉语文字书写的转变过程。他认为引起崔浩国史之狱的，应该是早在崔浩第一次参与修史之前就已经写定了的那一部分，即邓渊在道武帝时期奉命所撰的《代记》。《代记》主要记录道武帝开国及之前的拓跋历史，史源依据主要是拓跋传唱史诗《代歌》（太武帝时定名为《真人代歌》）。据《魏书·乐志》，这种经过了道武帝审订的《代歌》“上叙祖宗开基所由，下及君臣废兴之迹”，代表了草原传统中的官方历史叙述，邓渊修史，不仅要从中取材，而且要据为纲领。问题在于，从鲜卑语《代歌》到汉语《代记》，不只是一个翻译过程，而且也有文化环境和价值判断的转换问题。周一良先生所说的收继婚习俗，在鲜卑社会里人人视为当然，到了华夏社会里就是人神共弃的乱伦之恶。正如田余庆先生所说：“国史所录的一些拓跋故事，在昔本为旧俗使然，无关风化，在今则不合常道，有悖人伦。史臣直笔招祸，最易在此方面产生。”

田先生还怀疑邓渊之死起因于《代记》里的违碍文字，

是“一场不动声色的文字狱”。不过，如果邓渊《代记》里的有关文字确实引起了道武帝的注意，那么杀掉邓渊之后，这部分文字理应会被删改，甚至全书遭到毁弃，不至于遗留下来供后之史臣当作修史的基础。而且，道武帝应该没有什么汉文阅读能力，他身边的勋贵亲近更是清一色的“鲜卑车马客”，都不会有对汉文《代记》进行审读的热情。道武帝时代的鲜卑贵臣，对华夏文化和伦理价值纵然已有一定了解，但还不大可能会产生文化传统上的自卑感，因此，拓跋历史上与现实中那些与华夏文化价值相冲突的风俗传统或政治实践，也都没有回避或讳言的必要。那时满朝都说鲜卑语，汉语书写只是一个行政工具而已，史书编写也带有很强的装饰性。在这样的时代背景下，邓渊《代记》并没有机会进入聚光灯下，邓渊被杀也不是因为史书中的违碍文字。否则，亲身经历了道武帝内廷风云的崔浩（田先生说他是“邓渊之狱的目击者”），怎么可能还照搬邓书，重蹈覆辙呢？

史书编纂，成于祕书，能够读到的人是很有限的，而最先读到的人，也未必仔细寻觅其中的问题。崔浩国史编订完成后，必定先呈太武帝审阅，太子景穆帝也应该是最早读到的人之一，他们都没有提出什么异议，景穆帝甚至还赞成把国史刻石立碑，可见他们都未察觉有什么不妥。之所以如此，是因为崔浩所编的国史重点在表彰太武帝的功业，这一部分既是崔浩倾力纂录，又是朝廷殷切期待的，审读者自然专注于此。可以想象，崔浩是出色地完成了这一任务的。当他手下的闵湛、郄标“请立石铭，刊载《国书》，并勒所注《五经》”时，他竟然同意了。把崔浩的这一行为仅仅看成他的自我膨胀，恐怕不一定符合当时的情境，也未必符合崔浩一贯的性格。崔浩敢于把新编史书这样招摇地铭石立碑，是因为他要讨太武帝的欢喜，不过是贯彻了太武帝当初命他修史的本意，或许这么做甚至得到了太武帝本人直接或间接的赞许。《魏书》记太子景穆帝也认为这个计划“善焉”，显然大家都只是为了取悦太武帝。于是在平城以西每年举行天郊大典的地方附近，专辟一个“方百三十步”的广场，立碑刻铭，“用功三百万乃讫”，以推送的形式向公众发布这部新编国史。在雕版印刷流行以前，如此发布新书，其影响可说达到了极致。

北魏建国之初以及更早的时期，也常见立碑之举，不过那时能读汉文的鲜卑人极为稀少，立碑主要是对魏晋文化传统的模仿，是拓跋政权的一种政治装饰。然而时代已经发生了巨大的变化。到太武帝时期，能够读写汉文的鲜卑人已不再稀少。从邓渊受命撰《代记》，到崔浩国史之狱爆发，差不多五十年过去了，新成长起来的鲜卑上层集团的子弟，尤其是宗室和权贵子弟，有很多已接受过系统的汉文读写教育，他们是能够阅读历史著作的，而且会很有兴趣去读跟自己的祖先有关的那些部分。与立碑者的目的在于歌颂太武帝不同，一般鲜卑青年可能会更注意北魏早期的历史。和五十年前的鲜卑人不同，他们不仅深入地了解了华夏文化，而且一定程度上已经接受了华夏文化的价值观。当然，他们的母语仍然是鲜卑语，代人集团内部日常所用也主要是鲜卑语（包括在朝廷上），在鲜卑语环境内，他们会毫无障碍地重复五十年前就在传唱的那些故事。即使与华夏文化价值相冲突的那些故事，在鲜卑语环境下还是会显得那么自然、那么合理。语言不只是表意的交流符号，任何语言都内置有整套的文化价值与历史传统，跨语言通常也意味着跨文化和跨历史。因此，在鲜卑语环境下可以自然说出的故事，到汉语环境下讲述，就不得不面对华夏文化价值的评判。五十年前鲜卑勋贵们听鲜卑语《代歌》时不以为怪的一些故事，五十年后新一代的贵族青年在汉文碑刻上读到时就可能羞愤难当。

《魏书·崔浩传》记国史立碑刻铭之后，"石铭显在衢路，往来行者咸以为言，事遂闻发"。《北史·崔浩传》称"北人咸悉忿毒"，强调了鲜卑人阅读石铭国史之后深恶痛绝的情绪，正是这种情绪直接点燃了太武帝的雷霆之怒。虽然国史的撰写刻铭主旨在于歌颂太武帝，但眼下引发的众怒，显然已完全压倒了那个主旨，太武帝本人也被推到了一个非常尴尬的位置上。也许即便只是为了自救，太武帝也不得不牺牲掉崔浩。崔浩及其内外亲姻的悲惨命运于是乎定。五十年前无人在意的《代记》，五十年后会被仔细阅读。正是鲜卑子弟汉文教育水平的大大提高，决定了"备而不典"、"暴扬国恶"的史书会引起北人的"忿毒"；正是立碑刻铭这种典型的华夏传统形式，触发了鲜卑贵族的羞愤和反弹。崔浩被关押在城南时，“使卫士数十人溲其上，呼声嗷嗷，闻于行路”。是谁“使”卫士如此折辱崔浩呢？应该就是那些深感被冒犯的“北人”。《魏书》说“自宰司之被戮辱，未有如浩者”，崔浩所遇之酷，超越了普通的政治报复，只能从新一代鲜卑青年“咸悉忿毒”来求得理解。值得注意的是，他们面对国史之所以会有如此强烈的感情激荡，恰恰因为他们在很大程度上已认同华夏文化，或换句话说，因为他们事实上已经或至少部分地告别了其先辈所珍爱和遵循的草原文化价值。正是拓跋国家的文化转型，促成了崔浩的国史之狱。

三、文化转型的史学代价

《魏书》所描述的崔浩是历史上罕见的全才，“才艺通博，究览天人，政事筹策，时莫之二”，对拓跋国家的政治与文化发展发挥过重大作用，末年却邂逅酷滥骇人的史狱。魏收慨叹“何斯人而遭斯酷”，表达了深深的痛惜。后之史家亦无不深致同情。田余庆先生说：“崔浩以直笔、实录获谴，不悖于史德。”与先前的研究者不同，田先生考察崔浩国史之狱的目的，在于探讨北魏一朝史风污染的根源。在他看来，正是国家权力的恶劣滥用，造成北魏史学的衰落，此后“近一个世纪中史官备位，少有著述”。他总结说：“当拓跋君主尚生活在名教以外之时，先人事迹无涉荣辱，无大违碍；而当皇权在握，礼法人伦关切利害，成为衡量准则之时，所谓实录也就另有分寸。如若不然，皇权就要剪裁史法，就要约束史家。”这是有切身人生体验的沉痛之辞。不过，如果我们站在内亚的立场来观察拓跋史，就会看到拓跋政权从内亚征服体制向华夏国家转型的过程中，“剪裁史法，约束史家”似乎又是难以避免的一个环节，是华夏传统的“史德”为文化转型的拓跋历史所作出的妥协或牺牲。

政治权力主导的集体遗忘，并不仅仅出现在文化转型的社会里，而是各类政治体发育过程中的常态。以内亚的拓跋部早期历史为例，《魏书 · 序纪》称拓跋先世的成皇帝毛“远近所推，统国三十六，大姓九十九”，这个说法虽然可以肯定出自后世的想象，但毕竟是拓跋集团由多部族、多人群逐渐融汇形成这一历史的曲折反映。然而在《序纪》（也许《代歌》已然）里，我们完全看不到三十六国、九十九姓的痕迹，只剩下拓跋部父系直传的单一谱系，表明在拓跋集团的发展史上，拓跋系以外的历史都被遗忘了，只有拓跋的历史被精选出来（或制造出来）成为唯一的历史论述。这种遗忘常常被当作岁月推移造成的记忆丧失，其实是政治力量主导下的记忆删除，是各部族各人群的历史论述在竞争中被拓跋政治力量压制乃至封杀的结果。常见的各类所谓民族史诗，也应看作在这种历史论述的竞争中的优胜者或幸存者。强制遗忘普遍存在于人类社会的各个阶段、各个角落，这个认识对我们思考历史、史料和史学史的复杂关系是非常有帮助的。

然而，文化转型时期的遗忘，往往具备了更宽广的历史意义。文化转型，通常是指社会中一部分人放弃该人群原有的文化传统，转而接受另一人群的文化传统的历史过程，在这个过程中，经济生产方式、生活方式、语言、伦理价值、习俗、服饰、饮食等等，都会发生转换，当然是一个缓慢的过程，要经历很多代人，而最终完成的则是认同的转换。从记忆的角度来看这个过程，就是逐渐修改原先的历史论述，有所舍弃，有所创新，经历一系列变动后，汇入主流历史论述中，从前的历史被彻底或部分放弃，最终形成不可逆的遗忘。文化转型时期的遗忘，只是这个过程中的某些环节，在这些环节上，社会徘徊于新旧之间，昨日尚不远，明日已可见，政治领导者对于文化转型既强力推动又顾虑重重，这正是历史论述最易引起关注的时刻。

崔浩国史之狱，就发生在这样一个文化转型的过程之中。从维护史德直笔的理想来说，崔浩之狱当然意味着历史学的黑暗时刻。不过，从有利于文化转型的完成来说，这个时期的历史叙述，在华夏传统的价值系统内，不仅要有利于拓跋政权合法性的建立，比如歌颂以太武帝为主的北魏历代统治者，而且有利于拓跋社会建立文化转型的信心，因而不可把北族社会描述得与华夏社会过于不同，这种不同通常是消极和负面意义上的，也就是野蛮的、不合华夏礼法的。的确，转型中的北族社会正在放弃一些古老的北族传统，可是，从激烈变化中的北族社会的角度看，恰恰就是这些传统不应该进入历史论述，或应当从已有的论述中剔除出去，这么做，正是为了帮助北人社会更自信地实现其放弃。如果在历史论述中强调这些传统，那不正是要动摇北族社会的自信甚至阻碍其社会转型吗？在无文字时代，放弃或摒除一些记忆，转换一个或多个历史论述，相对要容易得多。而拓跋鲜卑面对的却是有丰富历史书写传统的华夏社会，历史学早已建立起直笔、实录的独立价值标准，这时，在服务于文化转型的时代要求与维护史学直笔美德的传统之间，存在着一种难以调和的冲突。有时候，即便是崔浩这么富于政治智慧和行政经验的人，也没有意识到这一冲突是多么的迫在眉睫。其结果，以牺牲史学为代价，国家暴力直接介入了遗忘的制造。

文化转型意味着主动遗忘。如前所说，遗忘过去是为了重新开始，切断时间的连续流动，是为了有助于一个期望中的未来更容易呈现。由此我们面临一个沉重的话题，那就是在这样的历史情境下，史学作出牺牲似乎变得难以避免。似乎可以进一步说，为了有助于实现文化转型的历史，史学直笔和实录的原则就不免要承受一定程度的牺牲。尼采在《不合时宜的沉思》中的一章《历史对于生活的利与弊》里，说过这样一段话："关于过去的知识只有在服务于未来与现实，而不是削弱现实、破坏未来之时，才是值得获取的。"他强调，对于历史不应当只看到发生过，而且要看到"不应当这样"。只有站在现实的制高点上，了解和阐释历史才是必要的和可能的。他还说："对于个体、群体和文化的健康来说，非历史和历史是同等必要的。”尼采的话对于我们理解历史中的历史学是有警醒作用的。孔子的“微言大义”，司马迁的“究天人之际”，司马光的“鉴于往事，有资于治道”，都是借着说历史，着眼点却在当下和未来。

中国历史上各个时期，都有相当数量的非华夏人群加入华夏社会，这些人群都要通过不同途径实现其文化转型，最终转换其历史叙述，使得他们的社会面貌与其他华夏人群没有差别。这个过程中，集团和个体都积极进行了遗忘。例如，十六国北朝的某些姓氏本来出自非华夏人群，经过孝文帝姓氏改革后，原本形式上的鲜明差异消失了，到了隋唐时代，这些家族的后人叙述家族历史时，无不溯源至两汉甚至三代。这种历史认同的转换，可说是中国社会史的基本形态，现存的家谱、族谱和地方志，都可以提供巨量的例证。现代史学固然以求真复原为原则，可是这个原则在史学独立以前并不是随处可用的。设想一下，当一个鲜卑步六孤氏（孝文帝时改为陆氏）的后裔宣扬自己出于吴四姓之一的陆氏，你会不会去揭发他编造历史呢？如果你出于对历史的忠诚而的确这样做了，偏巧他又是有权有势的人物，你会不会被一顿暴打呢？当然，可爱的书呆子代不乏人，被暴打的故事也史不绝书。

文化转型与直笔的史德之间如此天然的紧张，普遍存在于历史上的各个时期和各类人群，尤在以内亚征服者面貌出现的王朝或政权中更为常见。这里举一个崔浩之前的例子，即研究者常常提到的苻坚“大检史官”的故事。

据《晋书 · 苻坚载记》，苻坚在审查史官的历史记录时，发现竟有他母亲苟氏与功臣李威有私情的记录，恼羞成怒。原文是这样的 :“初，坚母少寡，将军李威有辟阳之宠，史官载之。至是，坚收起居注及著作所录而观之，见其事，惭怒，乃焚其书而大检史官，将加其罪。著作郎赵泉、车敬等已死，乃止。”因为找不到人追究，才没有形成大狱。李威是苟氏的姑表兄弟，据说他们两人的结合是苻坚能够在苻生暴政时期得以幸免的关键。《太平御览》引崔鸿《十六国春秋》称“苻生屡欲诛坚，赖威以免”，李威在苻坚兄弟发动宫廷政变的策划行动中发挥了关键作用，“诛苻生及法，皆威与太后潜决大谋，遂有辟阳之宠”。苻坚对李威也很敬重，“坚深德之，事威如父”。正是由于李威的推荐，苻坚才重用王猛。苻坚与李威的关系，很容易让人联想起清世祖顺治皇帝与多尔衮的关系。在氐羌的文化传统下这种私情本无不妥，苟氏与李威的关系当时大概是公开的，故史官并不忌讳予以记录。可是过了一些年，当苻坚努力要把自己塑造为华夏传统下的圣主明君时，这样的记录自然是不可饶恕的。

十六国时期的史案还不止苻坚这一例。据刘知几《史通》，刘聪时也发生过诛杀史官的事。《史通》卷十二《古今正史》:“前赵刘聪时，领左国史公师彧撰《高祖本纪》及功臣传二十人，甚得良史之体。凌修谮其讪谤先帝，聪怒而诛之。”既然“甚得良史之体”，又何以“讪谤先帝”呢？自然是一些当初以为正常、后人却不愿看到的记事。刘聪既怒诛史官，也必定毁弃史稿。类似的毁弃历史记录的事还发生在石虎时期。据《史通》同卷同篇："后赵石勒命其臣徐光、宗历、傅畅、郑愔等撰《上党国记》、《起居注》、《赵书》，其后又令王兰、陈宴、程阴、徐机等相次撰述。至石虎，并令刊削，使勒功业不传。"石虎之所以要"刊削"史稿，一定是因为其中某些记事触及敏感，和公师彧的史书一样。其结果，由于个别违碍记事触怒君主，整部本意在于歌颂开国之君的史书都被毁弃了。

和崔浩史狱一样，苻坚"焚其书而大检史官"，同样是文化转型下历史书写所引发的问题，而问题的本质，同样是政治权力要求历史学为文化转型做出牺牲。《太平御览》引崔鸿《十六国春秋》说，苻坚焚书之后，安排史官重新编写历史，只是"著作郎董朏虽更书时事，然十不留一"。这一来苻秦的历史就变得简明清爽了，除了苻生这个万恶不赦的昏君以外，再没有碍眼的文字。读史者感慨，十六国时代"诸僭伪之君，虽非中国人，亦多有文学"（赵翼《廿二史札记》），在我看来是不免上了史书的当，或者说是上了那些"僭伪之君"的当。这些有鲜明内亚历史背景的统治者，似乎特别在乎历史怎么讲述他们，其结果，史书当然都是些不可思议的好话，这都是刻意遗忘的结果。这种遗忘过程，一方面是对文字的历史记录密切监督，对口头的忆旧话题严格规范，造成那些敏感事项的沉默与隐退；另一方面，重视历史编纂，打造理想明君的形象，在喧哗的歌颂中遗忘真实的史事。以汉赵为例，关于刘聪的史料，前一半全是美言，自是刘聪亲自操控的结果，后一半全是批评，却因为成于刘曜之时，已不必为他遮掩。《晋书·刘聪载记》称刘聪“年十四，究通经史，兼综百家之言，孙吴兵法靡不诵之。工草隶，善属文，著述怀诗百余篇、赋颂五十余篇”，吹得相当离谱。虽然不一定总是发生崔浩之狱那么惊天动地的史案，但可以相信，针对历史记录和史著编纂更细密专业的监控，一定普遍存在于历史上各个王朝的各个时期。

历史上的非华夏人群在进入华夏（汉）社会之前，通常处在无文字阶段，那时的历史叙述以口传形式存在，家有其史，部有其史，国亦有其史。进入文字书写阶段后，书写帮助权力集团建立稳定的、有利的、唯一的历史叙述，并因此排挤其他各种历史叙述，使之渐渐沉寂而最终遗忘。然而书写的稳定性也形成一种牵制，书写下来的历史不似口传历史那样可以因应现实需求而随意更改，无文字时代历史叙述的流动性所带来的便利不复存在，历史叙述服务于现实的灵活性也大打折扣。这个特点使得权力者在利用历史的同时，也只好适应和受制于已定型的历史叙述。口传历史向书写历史转变的同时，绝大多数非华夏人群还面临文化转型所带来的伦理体系的华夏化（汉化），当处在转型的某个中间阶段时，已写定的历史有可能反过来成为包袱，引起重大问题。许多史案和文字狱都可以放在这个背景上理解。

前面说过，历史的本质属性之一就是其不确定性，理论上并不存在确定的历史真实性（historicity）。按照传统理想，历史是确定的和唯一的，是可以通过严格的技术手段予以复原的，因此历史学家经常宣称自己的工作是“复原历史”。然而史学实践的常见情形却远比三维世界复杂得多：一方面，历史叙述的竞争者各自宣称自己的叙述是真而斥对方为伪；另一方面，他们在已有的遗忘面前无能为力。遗忘的前提是历史的不确定，而遗忘的巨大海洋又加强了记忆孤岛的不确定。

在我看来，承认历史的不确定性不一定使我们陷入相对主义的泥潭，相反，也许会把我们从一些旧观念的桎梏中解放出来。既然我们面对的全部史料都是遗忘竞争的结果，那么在使用这些史料进行论证之前，为什么我们不对它们仔细端详，以了解那些竞争的缘由、参与者和竞争过程呢？当现代史家开始史学研究时，事实上已参与到古老的历史叙述的竞争之中，他面前展开的场景到底有多大、多清晰，取决于他对历史纵深的敏感。在我们企图了解的历史中，遗忘如同无边的暗黑，虽然看不见，却无处不在。

当人们都写汉语时

2012年1月，我们课题组一行九人到越南进行为期一周的短访，走马观花，略广见闻而已。在河内访问期间，我们拜访了著名的“汉喃研究院”。汉喃研究院是越南最重要的保存和研究汉喃文献的学术机关，现藏汉字和喃字（包括越南涇、儂、傜等族的喃字）古籍两万多种，更为珍贵的是还藏有10至20世纪的石碑、铜钟、磬、木牌等各类铭文拓片约四万件，以及木刻版一万五千件。汉喃研究院隶属越南国立社会科学与人文中心，是近年来越南在学术研究的国际合作领域最为活跃的机构，与中国（包括大陆和港台）、日本、韩国、法国和美国等都有很多合作出版与研究项目，整理出版了大量汉喃文献与碑刻资料。我们这次仔细地参观汉喃研究院的收藏及保管情况，还与汉喃研究院的领导及专家座谈，收获甚丰。

研究院大门入口的门匾引起了大家的兴趣，因为匾上写着“院研究汉喃”五个汉字。该院专家介绍说，这是用越南语的语法来写“汉喃研究院”。越南语的语序结构是修饰词（qualifier）在后，被修饰词（qualified）在前，语言学称这种语序为 NA 结构（noun+adjective），汉语的语序则是相反的 AN 结构（adjective+noun）。在“汉喃研究院”这一作为专名的词组中，“院”是被修饰词，“院”必须放在最前面，修饰词“汉喃研究”理应放在后面；而在“汉喃研究”这一偏正结构的词组中，“汉喃”是修饰“研究”的，“研究”才是被修饰词，“汉喃”是修饰词，所以“汉喃研究”的“研究”应该放在“汉喃”之前，而写成“研究汉喃”。因而，门匾上的“院研究汉喃”就是严格遵守越南语语法的表达方式。进一步说，由于“汉喃”、“研究”和“院”这三个词组都是越南语的汉语借词，可以视为越南语词汇，所以，“院研究汉喃”就是一个普通的越南语短语，并不是汉语，尽管用汉字来书写。只不过，熟悉汉字和习惯了汉语语序的人猛然读到此匾，难免会大感不解。

“院研究汉喃”匾文提示了一个有趣的问题：在古代多语言社会里，当书写语言与日常口头语言分离时，无论这两种语言之间在语言学意义上差距有多么大，它们事实上正在经历“深度接触”，其结果是两种语言都会发生一定程度的变异，而这种变异在相当程度上反映了社会文化与政治的深刻变迁。语言接触意味着不同文化、不同社会以及不同政治体之间的接触，这种接触导致语言要素的彼此渗透，时间和空间意义上连续、持续的彼此渗透势必造成语言要素的混合。应用语言学和历史比较语言学认为，不同社会文化体的接触与混合会造成不同语言之间的深度接触，而语言深度接触的历史后果就是语言混合。可以断言，当今世界的各主要语言都是所谓“历史混合语言”。

汉语也应该放在这一历史维度中来认识。一方面，研究语言史的学者也同意，汉语是一种年轻的历史混合语言；另一方面，汉语又是东亚历史上最古老、最重要的一种书写语言（很长时期内甚至是唯一的书写语言）。这两个方面之间存在着相辅相成的逻辑与历史关系。历史上，汉语社会和汉语政治体对非汉语社会进行了持久的渗透（深度接触），而汉语及汉语社会自身又因这种渗透所引发的反作用而形塑了自身的变迁。

语言学家认为，越南语是南亚语和侗台语的过渡类型，其系属不太清晰。值得注意的是越南语与汉语有基本相同的结构类型，唯一的区别就是前面提到过的修饰关系语序的不同。正是这个原因，使得越南语要把“汉喃研究院”说成“院研究汉喃”。尽管这个专名中的三个基本词汇都是从汉语借入的，进入越南语之后要按照越南语的语序规则重新排列组合，从而充分显露这一专名的越南语属性而不是汉语属性。从这个例子可以看出语言接触中参与接触的各语言固有结构的稳定性、连续性和继承性。

但是历史也显示，深度接触中语言之间的相互作用并不均匀，上层语言（书写语言或官方语言）对下层语言（非书写语言或被统治阶层的语言）的渗透，通常是更深、更快、更有力的。下面试以姓名制度（naming system）为例做一说明。

我们知道，姓和名作为一组偏正词组，姓是修饰名的，名是被姓修饰的。因此，姓名中的姓在前还是名在前，取决于语言中的修饰词与被修饰词之间的词序结构。因此，修饰词在前者（如汉语），姓氏理应在人名之前；修饰词在被修饰词之后者（如印欧语言），姓氏理应在人名的后面。照此规则，不同社会到底采用“姓 + 名”结构还是“名 + 姓”结构，取决于各自语言的修饰语序是 AN 还是 NA。正是由于这个语言规则，汉语语序中被修饰的名自然就被置于作为修饰词的姓后面，形成“姓 + 名”顺序的姓名结构。

然而，当今世界各地区各语言社会的姓名结构，并非完全遵循这一规则，也就是说，很多社会的姓名顺序，与该社会所使用语言的修饰词序并不具备如前所述的那种相关关系。是历史造成了这种不规则变异。对历史学家来说，观察这种违背语言规则的文化现象本身，就是理解深度历史过程的重要关节点。比如，尽管越南语有着与汉语 AN 语序恰恰相反的 NA 语序，古代越南却完全接受了汉语修饰语序所主导的姓氏在前人名在后的姓名制度，而没有自创出同具 NA 结构的人名在前姓氏在后的姓名制度，如同中世纪以后欧洲人的“given name + surname”那种结构。这反映了历史时期拥有文化优势与政治优势的语言对弱势语言的强力渗透。同样的情形也发生在近代以来阿尔泰语系的土耳其、蒙古国和原苏联中亚突厥语各国，当这些社会为适应近代文化体系下的姓名制度而开始创造姓氏时，就不约而同地违背自己语言的 AN 修饰语序，而一律把姓氏放在人名后面。这当然反映了近代以来印欧语西方社会的文化优势地位，其背后的变化机制与古代越南社会采用汉语修饰语序的姓名制度是一样的。

这种在深度接触之后所发生的文化变化通常要经历很长一个时期，起初并不是彻底的和完整的。再举朝鲜半岛古代史的例子来进一步说明。和越南一样，朝鲜半岛在历史上深受中国文化的影响，以汉语为书写语言，是东亚朝贡体制的一个重要部分，甚至在相当长一段时间内还直接接受中原王朝的政治统治。这种长期持续的深度接触，其结果就是文化和语言的深刻亲近。现在的韩国语（朝鲜语）中，有数量巨大的汉语借词，这当然是从新罗时代以来日积月累的结果。不过即使在新罗以前，比如在语言属性与新罗语明显有别的高句丽时代，由于同样以汉语为书写语言，高句丽语接受汉语影响的痕迹已经非常显著。《三国史记》记高句丽地名，有一个“买忽”，又记“一云水城”。前者是高句丽语的音译，后者是意译。在高句丽国内口头提到此地时，一定是说“买忽”，可是写进文书中时，就可能有两种写法，即记音的“买忽”和意译的“水城”（忽的意思是城，买的意思是河流或水）。初期的文书应该是记音（以便于念文书时让听者明白所指地名），可是等高句丽上层的汉文化水平普遍提高后，就可能改为意译了，这就是为什么《三国史记》会有两种不同的记录。

值得注意的是，即使以汉语意译的地名也并没有完全脱离高句丽语言的语法规则。高句丽还有一个县，原先称“皆伯县”，后改名“王逢县”。高句丽语的“皆”，又写作“解”或“加”，是从扶余借入的高级政治首领的称号（其语源是古蒙古语中的 aka，意思是兄长），“伯”就是遇到、相逢。《三国史记》在此县下有一条小注：“汉氏美女迎安臧王之地，故名王逢。”很显然，皆伯是音译，王逢是意译。音译在先，意译在后，反映了汉语水平提高之后对各类专名进行“雅化”处理的时代变化。可是“王逢”并不是汉语的 SVO 语序（subject + verb + object，受动名词在动词后面，即通常所说的谓语在宾语前面），而是高句丽语的 SOV 语序（subject + object + verb，动词在受动名词的后面，即通常所说的谓语在宾语后面）。如果严格按照汉语语法来意译，那么“皆伯”应该译作“逢王”才是。可见即使以汉语作为书写语言，高句丽语的自身规则也会对汉语书写产生影响。这种情况，就和越南的“院研究汉喃”一模一样。《三国史记》又记统一新罗时期把“王逢县”改为“迎王县”，反映了这个时期对汉语掌握的程度有了明显的提高。

更显著的例子是“喃字”。喃字是一种以汉字为素材创造出来的越南语文字，通常是由分别表音和表意的两个汉字组合在一起形成，在越南古代文字系统中的地位和作用非常类似朝鲜语（韩国语）的谚文（Hangul）和日本语的假名（Kana），用以表达汉字无法表达的古代越南国境内的越南语、岱依语和瑶语固有词汇，特别是人名和地名。可是在中文文献里，“喃字”又常常写成“字喃”，这是因为中国文献反过来受到了越南文献的影响，在越南文的书写中，“字喃”的写法多于“喃字”。在越南语口语中，喃字一定是念作“字喃”（Chữ Nôm）的，口语表达持续影响的结果，就会出现“字喃”的书写形式，并最终使得中国文献也接受了这一形式。同样的道理，“汉字”这个词在越南口语中的两种表达形式，一种是符合越南语 NA 语序的意译“𡨸汉”（Chữ Hán），一种则是遵从汉语 AN 语序的音译“Hán Tự”。值得注意的是，古代越南把借入的汉字又称为“儒字”（Chữ Nho，又是 NA 语序，说明了书写语言与口语的差别），强调的是对这种书写系统所代表的文化价值的认同。语言深度接触对于语言的影响当然是多方面的，而语言的变化，从一个侧面反映了政治、社会和文化的深刻历史变迁。

上述观察大致可归于历史语言人类学的范畴，这一观察可以给历史学研究，特别是有关东亚地区史和中国古代族群史的历史学研究，带来哪些启示呢？

我认为，从语言深度接触来理解族群接触和政治体接触，就可以给我们提供一个新的观察角度，让我们看到古代东亚世界的历史变迁，其实也是不同语言之间交互作用的过程，让我们对东亚当今状况的形成有一个具有历史纵深感的理解。固然有许多曾经的语言、曾经的人群、曾经的社会关联早已消失无可觅踪，但也有一些历史信息的碎片幸存下来，当我们把这些碎片放置在具有历史纵深感的理解中时，它们也许可以映射出意想不到的历史片段。

就汉语来说，古代东亚的历史过程，就是汉语作为书写语言扩张领地的过程。至迟从商代开始，始发于黄河中下游局部地区的古汉语族群及其政治体，向东亚大陆的四面八方快速扩张，到汉魏时期已确立了对于巨大空间和人口的覆盖。表面上看，这就是说汉语的人口对广大非汉语人口的征服和同化。然而真实的历史过程要复杂得多、丰富得多。首先，汉语自身在这一过程中发生了巨大的变化；其次，正是由于非汉语人口的加入（很多时候是主动的和激烈的），汉语社会本身发生了巨大变化。

而且，在汉语扩张的过程中，非汉语地区的人口普遍地、能动地作用于语言混合过程，使得土著语言及其人口参与甚至主导了当地混合语言的生成，其结果就是各地新型语言的形成。由于历史时期作为书面语言和官方语言的汉语持续作用（深度接触）的程度不等，其影响的结果有异，因而，这些各不相同的语言，其内在变化的程度也不同，有的发展为汉语的一个方言，有的作为一种深受汉语影响的土著语言而继续存在。吴方言、粤语、越南语，就是因混合程度不同而在语言属性上排列不同的显例。

但是，如果过度强调了汉语及其人口在这一历史过程的作用，就会遮蔽历史的丰富性和复杂性。我们常常忽略的一个事实是，非汉语世界随着各自空间范围内多形态政治体的凝成、分解与重组，也在经历着语言多样性的绝对衰减和地区性混合语（标准语或官方语）的生成与变化过程。地区性标准语的生成与变化，反映了地区性政治体的发育和发展过程。这种理解要求我们把非汉语土著社会的内在变动机制当作研究对象，而不要把他们看成一味接受汉语政权影响的单纯被动因素。近年来西方学者研究清代的湘黔苗变，注重清朝基层官员与苗乡精英的互动与共谋，就反映了对土著社会内在变动机制的关注是多么重要。

《大越史记全书》记载 8 世纪末（791 年，唐德宗贞元七年）冯朝的建立者冯兴被尊为“布盖大王”。布盖（vua cả）就是越南语的“大王”。同书又记“丁先皇帝即位，建国号大瞿越”，“瞿”（cồ，或写作汉字“巨”），就是越南语的“大”。在这两个例子中，越南政治家用越南语固有词汇和汉语借词重叠构成名号，在土著社会的政治语境中构建了崭新的认同体系。应该指出，王或大王，是华夏周边的非汉语世界最早借入的汉语词汇之一，其借入机制便是汉魏晋王朝对周边非华夏政治体高级首领的爵封制度（比如汉代册封边裔政治首领的王、侯、君、长名号体系），而获得这类爵封的非华夏酋领又据此拥有了在他的政治体和社会建构中的额外政治优势。前举越南名号以借入词与固有词叠加构成的形式，在华夏周边政治体的历史上并不是孤例，其机制与意义有待语言学和历史学的进一步探索。

综上所论，我们可以得出如下结论：观察多语言社会书写语言与口头语言、官方语言与大众语言的分离及互动，既是了解古代东亚历史的一个路径，也是研究古代中国族群历史的一个重要方法。

走出民族主义史学

最近读过的关于民族主义的书中，有瑞士圣加仑大学（University of St. Gallen）卡斯帕·希尔施（Caspar Hirschi）教授的《民族主义的起源——从古罗马到近代早期德国的另一种历史》（*The Origins of Nationalism: An Alternative History from Ancient Rome to Early Modern Germany*, Cambridge: Cambridge University Press, 2012）。这本书讨论了近代民族主义的中古渊源，认为中古时代所继承的古典遗产之一罗马帝国主义，为近代民族主义的发生准备了营养和温床，而且文艺复兴时代的许多人文主义者，其实就是最早的民族主义者。这个研究对古典、中世纪和近代之间的连续性进行了新的诠释，给我的启发之一就是，如果民族主义是在罗马帝国主义传统之内孕育生成的，那么民族主义传统自身也并非不可能作为一个母体，孕育生成一种新传统，作为对民族主义的叛逆、否定、扬弃和取代，成为人类社会的新价值、新规范。在这个意义上，从民族主义时代的历史学母体中，也可以孕育出超越民族主义史学的新历史学。

当然，强调民族主义是一种近代意识形态，并不必然意味着对民族主义和民族主义史学的否定和批判。美国著名记者乔治·威尔（George Will）说过："人们把本世纪的两次世界大战都归罪于民族主义，可是民族主义不一定就意味着军国主义。而且，民族—国家正是自由（liberty）得以诞生的实验室。"对民族主义研究有卓越贡献的本尼迪克特·安德森（Benedict Anderson）在其名著《想象的共同体》（*Imagined Communities*）和其他论著中，从不掩饰他对于殖民地民族主义运动的同情。如果说近代人类社会走出中世纪和挣脱殖民枷锁的历程是某种程度的"解放（获得自由）"，那么必须承认民族主义在其间发挥了杠杆作用。但是，作为一个庞杂复合体的民族主义，其内含的某些本质因素在不同环境和不同时期的极端发展，早就暴露出危险甚至疯狂的面目。19 世纪后期以来对民族主义的谴责、指斥，是先知先觉者们敲响的警钟。第二次世界大战之后，西方知识界痛定思痛，开始对民族主义进行全面的反省和批判。这些反省和批判大多会兼及对民族主义史学的批判。

对历史学来说，乔治·奥威尔（George Orwell）1945 年发表的《论民族主义》（*Notes on Nationalism*）之所以是一篇重要文献，不在于文中说出了"民族主义是由自欺煽起的权力饥渴”这样的名言，而在于指出民族主义者痴迷于历史书写的原因，就是他们要给自己创造出一个脱离真实和现实的幻境，在这个幻境里，民族主义者可以获得胜利、优越与复仇的满足感，或是找到足以使“本民族”同仇敌忾的被欺辱的共同经历。“民族主义者都执着于这样的信念，以为过去是可以改变的。”“只要触及民族主义的神经，知性正直会消失，过去可以改变，最简单的事实可以否认。”民族主义召唤起最强烈的忠诚和仇恨，“一个人心里只要有了民族主义的忠诚或仇恨，有些事，哪怕明知是真的，也变成不能承认的了”，“忠诚感被激发出来，同情心就停止起作用”。于是就有了民族主义的历史书写。有民族主义立场的历史学，就是民族主义史学。

研究者早已指出，民族主义与近代民族国家在起源意义上是互为因果的，而近代制度化和专业化的历史学，也与近代民族国家几乎同时发生和发展起来，这就注定了历史学不仅以民族国家为中心来构建其基本骨架，而且主动服务于民族国家体系下的国际国内社会发展与政治建设。民族主义史学是近代民族主义的重要组成部分。忠诚于民族主义，以本民族为中心，是民族主义史学的基本立场。举例来说，世界各地的读者对这样的民族主义史学论著应该都是不陌生的——无论是不是国别史，在民族主义史学的历史叙述中，本民族总是最优秀最伟大，德性品质最好，总有许多个第一，对其他民族有功无过，本民族的历史总是最为悠久，要么是不断胜利、不断成长的历史，要么是曾经伟大、中间经历磨难、终于走向民族复兴的历史。这样的历史，本质上是一部一边倒的比较史，而本民族之外的那些比较对象，通常都是缺席的，都隐没在不言而喻之中。为了服务于民族国家的领土主张，民族主义史学都会把现有国土说成自古以来的合法领土，还会强调历史上失去的领土，把领土争议中的他国说成理亏的一方。对历史上国家之间的复杂关系，民族主义史学总是把本民族描绘成和平主义者、助人为乐者、输出文化和财富者，并刻意强调受侵略、受凌辱的经历。民族主义史学不仅要激起读者对本民族（本国）的骄傲，还要激起读者对他民族（他国）的隔膜、敌意，甚至仇恨。

在现代历史学、人类学和社会学揭示“民族”是一个建构与再建构（construction and re-construction）的过程之前，已有研究者发现民族并非如民族主义者宣称的那样自古而然，事实上民族是一个相当晚近的制造物，而历史论述在民族的制造过程中起了至关重要的作用。勒南（Ernest Renan）在1882年的著名演讲《民族是什么》（Qu'est-ce qu'une nation?）中说：“遗忘，或称之为故意搞错的历史，乃是民族创建的关键因素，职是之故，历史研究的进步常常会对民族性（的原则）构成威胁。”勒南相信，如果把那些错误的历史论述纠正过来，那么，民族的神圣性就会大大降低，国家以民族的名义所进行的种种侵略性、攻击性安排就会失去正当理由。勒南看到了历史学在民族主义兴起中所扮演的角色，但仍然认为阻止民族主义的极端发展还必须寄望于“历史研究的进步”。

与勒南的期望相反，那时及之后很长时期的历史学正在民族主义的大旗下所向无敌。研究欧洲早期中世纪史的帕特里克·格里（Patrick Geary）在其名著《民族的神话——欧洲的中世纪起源》（*The Myth of Nations: The Medieval Origins of Europe*, Princeton: Princeton University Press, 2002）中，对民族主义史学的负面影响有一段尖锐而沉重的批评：“现代史学诞生于19世纪，其孕育与发展，都是为欧洲民族主义服务的。作为民族主义意识形态的一个工具，欧洲各民族的历史书写取得了巨大的成功，但也使得我们对过去的理解变成了一个富有毒害的垃圾场，塞满了族群民族主义的毒物，其毒性已深深渗入社会大众的思想意识。”欧洲如此在先，其他各洲跟进在后，虽然在具体形态和发生时间上各有特点，但“族群民族主义的毒物”同样深沉地浸润在各国的历史书写之中。

然而，勒南对“历史研究的进步”所寄予的期望并非一厢情愿。20世纪中期以后的西方史学的确发生了勒南所期望的那种变化。在民族主义研究方面享有盛誉的霍布斯鲍姆（Eric J. Hobsbawm）于1991年11月应美国人类学协会之邀，作了题为《今日欧洲之族群与民族主义》的演讲（Ethnicity and Nationalism in Europe Today, in *Anthropology Today*, vol. 8, no. 1, February 1992）。霍布斯鲍姆在演讲中说：“历史学家有关民族主义和族群的写作必定在政治上和意识形态上带来爆炸性的冲击。”他还说：“历史学家之于民族主义，恰似巴基斯坦的罂粟种植者之于海洛因瘾君子：我们向市场提供基本原料。缺乏过去的民族不成其为民族，使民族成为民族的正是过去，使一个民族与其他民族敌对得以合理和正当的也是过去，而历史学家就是过去的制作者。”认识到这一点，才能看到专业历史学已经生产了多么丰富的、服务于民族主义目标的历史知识。霍布斯鲍姆指出，民族主义在其始发阶段，无论是在 19 世纪初的欧洲，还是在 20 世纪的亚非殖民地，高举民族大旗本来是为了扩展和联合更多人群，但后来民族主义的主要功能却滑向在人群之间制造分离、区隔和限制。在霍布斯鲍姆看来，从民族主义的仇外发展到民族—种族主义，几乎是一个普世现象，人类在 20 世纪已经获得了过多的经验教训。在演讲的最后，霍布斯鲍姆问道：“你们这些信奉普世概念的人类学家会怎么办？而我们历史学家，我们不仅被教导只有黑人、白人、巴斯克人、克罗地亚人可以正确地理解他们各自的历史，还得为他们发明那种他们想要去‘理解’的历史，我们怎么办呢？”他的回答是：“至少，我们可以而且应该保有怀疑的自由。”怀疑并不是目的，但怀疑是生产新的、好的历史的开端。

英国军事史家迈克尔·霍华德（Michael Howard）1961 年在一次演讲中，批评了民族主义对军事史的恶劣影响，这篇题为《军事史的利用与滥用》（The Use and Abuse of Military History）的演讲，后来收入他的论文集（*The Causes of Wars and Other Essays*, London: the Professors World Peace Academy, 1984）。他称那种为民族主义和军国主义服务的军事史是“军国主义的侍女”，是“幼儿园历史”（nursery history），是幼儿阶段才有的幻境，而“成长和进入成人社会的必要阶段就是破除幻境”。“幼儿园历史”是一个著名的比喻，后来为很多历史学家所一再借用。这个比喻跟爱因斯坦那句名言有异曲同工之妙：“民族主义是一种儿童病，是人类的麻疹。”

勒南、奥威尔等人在他们各自的时代所批评的学术主流及读者环境，今天在西方已是若隐若现、不复显眼，但在欧洲之外的后发国家，依然随处可见。在这些社会中，批判民族主义史学，特别是具体地破除民族主义史学精心构筑的某些神话，势必要冒很大的风险。下面以印度为例来说明我们当下的实际情形。《纽约书评》（2005 年 4 月 7 日）有一篇威廉·达尔瑞坡（William Dalrymple）的《印度的历史之战》（India: the War over History），集中评述了在印度围绕历史论述所发生的几次超越学术的社会事件。

2003 年牛津出版社（印度）出版了美国人詹姆斯·莱恩（James Laine）关于希瓦吉的书《希瓦吉——伊斯兰时代的印度教国王》（*Shivaji: Hindu King in Islamic India*），书中引用了一句希瓦吉家乡的笑话（说他的某个卫士更像是他的父亲），暗示希瓦吉的生父颇有疑问。这大大开罪了视希瓦吉为民族英雄的印度教民族主义人群，引发大规模抗议，书店里该书全部下架，作者只好写致歉信。宗教人士、政党力量和民族主义激进分子联合起来，推动了暴力抗议活动，连该书谢辞中提到的浦那市班达尔卡尔东方研究所也成为攻击对象。2004 年 1 月 5 日，暴徒冲进这个著名的研究所的图书馆，大肆破坏，连国宝级文物如 1 世纪的写本《摩诃婆罗多》和《梨俱吠陀》的一份早期写本等，都遭到毁坏。到 10 月间，谢辞提到的一位当地年老的梵文学者也遭到毒打，脸上还被糊上沥青以示羞辱。

针对这场骚乱，也有冷静的印度报纸大力批判，标题文字里有“巴米扬的味道”、“印度的塔利班化”等，也有文章呼吁“不能让暴徒书写我们的历史”。但印度各政党人物为了迎合选民，却倾向于顺从印度教民族主义者的这一“民意”。达尔瑞坡在文章中说：“在印度和国外有越来越多的学者成为印度教极端主义者和网络民族主义者的攻击对象。”“网络民族主义者”（cybernationalist）的确是网络时代的新现象，其破坏力和暴力程度要高于街上临时鼓动起来的流氓痞子。

就在詹姆斯 · 莱恩那本书出版的同一年，同一家出版社还出版了另一个美国教授 Paul Courtright 研究象头神迦尼萨（Ganesha）的书《迦尼萨——破除障碍之神，创生开端之神》（*Ganesha: Lord of Obstacles, Lord of Beginnings*）。作者没有注意到的一个细节是，封面使用了迦尼萨的裸体像，这当然也激怒了一批印度教民族主义者，于是在一周之内，他收到的抗议邮件中，包括一封有七千人签名的抗议书，还有六十多个暴力威胁。威胁者有的说应该烧死作者，有的说吊死更合适，还有的说要射击他的头颅。该书在印度立即全线下架，出版商道歉求情。

同年 11 月，保罗 · 考特赖特（Paul Courtright）的老师、杰出的梵文学者温迪 · 多尼格（Wendy Doniger）教授，正在伦敦东方与非洲研究院举办的有关《罗摩衍那》的会议上发言时，突然遭到攻击，先是一个印度人冲上前投掷鸡蛋（幸好不中），接着和他同来的一伙人群起鼓噪，宣称非印度教徒没有资格评论他们的宗教。会议完全被搅乱了。观察家评论说，在印度国内常见的那种对艺术展、图书馆、出版社和影剧院的冲击，正蔓延到国际上的大学校园。

这种攻击绝不止于针对海外学者，事实上印度国内的学者首当其冲。德里大学的印度古代史和中古史教授德维坚德拉 · 纳拉扬 · 杰哈（Dwijendra Narayan Jha）长期批评印度教民族主义，他于 2001 年出版的《神牛的神话》（*The Myth of the Holy Cow*），以大量坚实的材料考证古代印度教和佛教都是吃牛肉的，否定了印度教徒普遍坚持的在印度吃牛肉始于伊斯兰入侵的说法，还论证说只是到了 18、19 世纪，印度教才开始禁食牛肉。这使杰哈教授面对巨大的恐怖压力，包括多起死亡威胁和暴风骤雨般的言论攻击，出版社也把书撤回（直到 2009 年才再次出版）。尼赫鲁大学的退休教授、最著名的印度古代史学者罗米拉·撒帕尔（Romila Thapar）也因为她的著作而收到多起死亡威胁。她说："在这个国家，对历史和学术的冷静考察越来越少见，这太可怕了。"杰哈教授针对民族主义者攻击历史学家的现象表示："这就是恐怖主义，学术共同体和自由主义者必须团结战斗。人们都被吓得噤若寒蝉，而政治家们似乎还在加以鼓励。"

在这篇文章的末尾，威廉·达尔瑞坡还探讨了印度历史学界对印度社会非历史的历史知识大行其道这一现状所负有的责任，这个责任就是他们没有较多地推出社会所需求的、高水平与可读性结合得很好的历史著作。目前最常见的两卷本企鹅版《印度史》（罗米拉·撒帕尔是第一卷的作者）固然是优秀的学术著作，但失之于枯燥难读。在更容易亲近虚构类作品的印度中产社会里，高水准又可读的非虚构历史作品的缺乏，多少助长了神话对历史的取代。近来印度写作市场呈现爆炸式发展，但一个突出特征是极少作者对严肃的传记或历史题材感兴趣。比如说，尽管印度的历史学家生产了许多精良的专业论著，但现在仍旧难以买到不过时又可读的、殖民时代以前的任何统治者的传记。达尔瑞坡最后说：

> 或许这就是造成当下困局的许多原因之一。要提高印度历史的公正性和质量，不能只指望政治家。除非印度的历史学家们学会写出晓畅的作品，足以吸引较为广

泛的读者，特别是印度酷爱读书的中产阶级读者，那么，非历史的神话还将继续繁荣昌盛下去。

民族主义固然是建立民族–国家的利器，但这把利器其实是双刃剑或多刃剑。世界上几乎不存在由单一民族构成的民族–国家，因此，民族主义所特有的、在人群间制造分离和区隔的超强功能，同时又对民族–国家本身构成潜在的、有时甚至是巨大的威胁。这就迫使国家在民族主义问题上执行双重乃至多重标准。这里举一个土耳其的例子，不是大家都熟悉的库尔德人，而是一个新发现的民族的故事。在土耳其东北黑海沿岸地区，有一个过去曾被称为拉孜斯坦（Lazistan）的区域，这里的主要人群被称为拉孜人（Lazi），他们现今的总人口大概是九万，所有人都说土耳其语，但其中有大约两万多人还说一种被称为拉孜语（Lazuri）的语言，而且在很多家庭里拉孜语是第一语言。在 20 世纪 60 年代以前，官方的解释是拉孜人和其他土耳其人一样，祖先是从中亚迁徙到小亚的游牧人，拉孜语是土耳其语的一种方言（土耳其境内仍在使用的语言共有二十三种，绝大多数已濒临灭绝）。

20 世纪 60 年代德国青年学者沃尔夫冈 · 福伊尔施泰因（Wolfgang Feurstein）在拉孜人的村落间旅行，他开始接触拉孜语，尝试研究这种语言。有一天，他突然意识到拉孜语与土耳其语所从属的阿尔泰语系毫无关系，而是南高加索格鲁吉亚语的近亲。那么，拉孜人就不是一般的山民了，拉孜人是一个独立的民族（德语中的 Volk）。既然拉孜人是一个民族，那么它必然有自己独立的历史。很快，福伊尔施泰因就发现（同时也可以说是发明）了拉孜人的历史，原来拉孜人的远祖就是希腊神话中保护金羊毛的 Colchis 人，他们原居格鲁吉亚滨海地区，一千多年前被入侵的阿拉伯人驱赶到安纳托利亚，栖居于黑海南岸陡峭险峻的山地，在奥斯曼苏丹控制这个地区之前，他们一直信奉基督教，后来改宗伊斯兰教。不过，在福伊尔施泰因把这部悠久且波澜壮阔的历史讲给他们听之前，他们是一点也不知道的。接下来，福伊尔施泰因觉得对自己所发现的这个民族有神圣的责任，决定把拉孜语从口头语言提升为书写语言，于是发明了一种基于土耳其语拉丁字母的拉孜语字母拼写方案，编纂词典、语言和小学课本，在拉孜人中积极推动语言、历史和民族意识教育。这引起了土耳其政府的警觉，于是逮捕了福伊尔施泰因，痛加惩戒，还威胁要把他作为间谍处死。同时福伊尔施泰因在拉孜人村落间散发的各类语文读本都被收缴，列为国家禁品。

可是，拉孜人一旦知道自己和土耳其人一样也是一个独立的民族，再要他们回到此前的心理认知状态就绝无可能了。此后三十年间，拉孜人与释放后回到德国乡间的福伊尔施泰因仍有紧密联系，拉孜语和拉孜史的编纂从未间断，1991 年土耳其政府被迫予以解禁，当然拉孜人也非常小心地把自己的民族活动限定在文化领域。英国记者尼尔·阿舍森（Neal Ascherson）在他的《黑海》（*Black Sea*, New York: Hill & Wang, 1995）一书中，对此有绘声绘色的描述。阿舍森说，他最初拿到福伊尔施泰因编纂的拉孜语字母表和词汇表时，“我感到一种敬畏，我手里握着的，既像是种子，又像是炸弹”。他的感觉和土耳其政府的判断是一致的。高举民族主义大旗的土耳其政府，在处理拉孜人问题时，只好采取双重标准。拉孜人作为安纳托利亚全面突厥化过程的一个历史劫余，本来可以提示该地区历史过程的时间地层关系，但在民族主义的历史书写中，特别是因为官方史学不肯承认安纳托利亚原居民的突厥化过程（官方历史叙述把土耳其人都说成中亚突厥移民的后裔），拉孜人的历史要么走向神话，要么混同于其他人群。

可能主要是为了规避经典民族概念所内含的道德、法律和政治风险，20 世纪的民族–国家偏向于以主权国家为单位重建民族，即所谓“国族”，中国的“中华民族”的提法及某种程度上的实践努力，大概可以算是这一全球性趋势中的一部分。可是难以回避的一个问题就是，这么做的前提是接受和承认近代民族观念、概念及相关的文化和政治实践，民族主义史学就是其中之一。为越分越细的民族服务的史学，以及为基于主权国家的大型或超大型民族（国族）服务的史学，由于基本概念、基本方法并没有什么不同，那我们可以说，它们都是民族主义史学，并没有从民族主义史学与生俱来的内在理论陷阱中脱身。前面提过的帕特里克·格里近年有一篇文章《多民族的欧洲还是单一的欧洲民族——过去与现今的起源神话》(Europe of Nations or the Nation of Europe : Origin Myths Past and Present, in *Lusophone Journal of Cultural Studies*, vol.I, n.1, 2013),针对历史学为欧洲的统一进程服务所面临的困境进行评论,对我们应该很有启发作用。

帕特里克·格里在文章里概括地清理了古典时代以来欧洲各人群起源神话的变迁,在当前欧洲政治经济渐趋统一的背景下,对那种试图创造一个单一"欧洲民族"的史学努力,提出了学理上的质疑,因为这归根结底是一个如何叙述欧洲历史的问题。古典时代结束之后的欧洲,在漫长的时期内,欧洲各人群相信他们有共同的历史起源,这个历史观由古典时代的传说和基督教《圣经》叙事两种传统共同凝成。"溯源至特洛伊的起源神话,维吉尔的版本,以及至迟于7世纪为了说明法兰克人的起源而重新讲述的故事里,都有助于彰显欧洲人(无论是说日耳曼语的还是说罗曼语的)的共同起源和共享文明。和基督教一起,通俗的古典化神话提供了共有文化的基石。"

比如说,3世纪开始,基督教的通史作者们受到古典民族志和圣经历史的双重影响,尝试把他们接触到的新蛮人放到所继承来的叙述框架里。于是,哥特人(Goths)就等同于《圣经》里的格塔伊人(Getae),匈人(Huns)就被认定是《圣经》里的歌革（Gog）和玛各（Megog）的后裔。古典起源神话的变形版本也开始出现，由于已彻底罗马化和基督教化，作者中有些人自称是4到7世纪进入帝国的那些新—旧人群的后裔，试图在古典和基督教的文化传统中理解历史遗产。比如，法兰克人（Franks）本来不知道自己的起源，可是到7世纪时已和特洛伊的普莱姆王（King Priam）联结起来，声称在被逐出特洛伊的大流徙中，一部分特洛伊人变成马其顿人，另一部分则按照他们的Francio王的名字，取了“法兰克”（Frank）这个名称。而法兰克人（被理解为欧洲贵族）与罗马人的共同起源的神话，在那时是被广泛接受的。“特洛伊起源说使得法兰克人既是罗马人又是马其顿人的兄弟，因为罗马人也起源于一个特洛伊英雄，虽然相较普莱姆王是不那么重要的一个，而马其顿的亚历山大大帝在整个中世纪里都被普遍尊为英雄和征服者。这个起源神话比起斯堪的纳维亚起源传说，在中世纪和近代早期的社会里更受欢迎，因为它在法兰克精英与罗马文明之间建立了更亲密的联系。”对于中世纪的法兰克人、哥特人、伦巴第人来说，他们认为是他们拯救并复兴了罗马世界，和近代以来人们所信持的蛮人毁灭了罗马帝国的观念相去何等遥远。

然而到了19世纪中期，奥匈帝国的宫廷历史学家、人文主义者拉兹（Wolfgang Laz）等，开始讲述一种完全不同的历史，他们把法兰克人、凯尔特人、苏维人等民族的起源，追溯至古典后期的民族大迁徙，从此“民族迁徙”

（Völkerwanderung）成为一个极为重要的历史术语，并获得意识形态上的重要地位，特别是在欧洲各民族的历史和德意志民族的叙述中。于是，有关日耳曼语各人群自斯堪的纳维亚或波罗的海沿岸向南迁至罗马帝国边疆地区，再渗入罗马世界，在伊比利亚半岛创建阿兰、苏维和西哥特王国，在意大利先后创建东哥特及伦巴第王国，在不列颠创建盎格鲁—撒克逊诸王国，在高卢创建最为持久的法兰克王国，这个图景就成了对西罗马帝国消失原因的一个主要历史解释。

于是乎，4 到 7 世纪间欧洲被各人群（特别是日耳曼语各人群）的迁徙所改变，而这些摧毁罗马帝国并创建了新的多个民族共同体的新徙入人群，正是现代各民族国家的祖先，这一观念被学者和大众所广泛接受。“无论是积极地理解为和平迁徙还是否定地理解为入侵，这些从欧洲尽头甚至更远地方迁移到前罗马世界的人群移动，被理解为那个时代的主要事件，正是那个时刻的收获决定了后来的祖居之地。当欧洲各人群完成其迁徙时，他们一劳永逸地获得了他们的神圣领地，从此一直占有并建立其民族国家。……而那些更成功的人群，如盎格鲁—撒克逊、法兰克、伦巴第，还有斯拉夫语人群如塞尔维亚和克罗地亚，加上独一无二的匈牙利民族，他们追溯自己的历史，都会从那个迁徙的时刻开始，毫无间断地直至当下。”这种新的历史论述终于颠覆了欧洲对于共同起源神话以及统一的基督徒世界的信仰。

帕特里克 · 格里指出：“这一发展在宗教改革运动中得

到强化，结果导向探寻另一种古典，另一种理解欧洲人群和民族起源的方式。旧的、如伦巴第人和哥特人的起源神话被唤醒了，同时一些新的、主要是有关‘迁徙时代’的神话，被制造出来了。法国大革命的动荡又使这一探寻走向政治化，既是德语地区对法国帝国主义的一种反应，又作为一种手段在俄国、哈布斯堡和奥斯曼确保少数族群的政治权利。不久，在整个欧洲，科学的、基于语文学的、为民族服务的历史开始制作民族神话，这些民族神话不是简单地强调起源，而是强调欧洲各人群的本质特性，而这些人群数量的增长就再也停不下来了。……在德国，从塔西佗书中引申出来的日耳曼人之纯正与美德，大有贡献于普鲁士领导的德国统一，而到了20世纪，又急剧发展为最恶劣的种族民族主义暴力。”

然而这一切并没有随着20世纪的远去而消散。“自二十多年前苏维埃帝国崩塌以来，民族主义–民粹主义领导人已经发现，重提英雄历史、民族起源、早期国土获取和统一文化的古老神话，有一种激发大众的威力。东欧固然如此，而在‘老欧洲’的部分地区同样如此。比如在比利时，佛兰德人族群认同已很大程度上摧毁了本就不强的国家认同。又如在加泰罗尼亚地区，加泰罗尼亚认同使这个地区除了法律层面外已在各个方面从西班牙分离出来。”

对于那种建立一种超越族群民族的共同 identity 的呼唤，帕特里克 · 格里问道 ：“那么，可据以建立一个单一的欧洲民族认同的民族神话是什么呢？这样一个新认同可能的危险又是什么呢？”有的历史学家已经行动起来，开始解构中世纪的民族迁徙理论，目的是破除拉兹以来的欧洲各民族的历史叙述。比如德国中世纪史学者 Reinhold Wenskus 提出，与其把迁徙想象成整个民族的移动，不如说实际迁移的人不过是一小批精英，围绕着他们所携带的“传统的内核”（kernel of tradition），才创建出新的社群（共同体）。研究晚期古典（late Antiquity）时期的历史学家 Walter Goffart 则更为激进，他完全拒绝了迁徙这个观念，认为从北方先祖之地南迁的主题是一个文学虚构。而且，他还否决了大宗蛮人部落蔓延于罗马边疆组建新王国并蚕食帝国心脏地带的历史图景。他展示的是一个很不同的历史过程，即小规模的蛮人武士（主要是罗马军队的成员）按照一种精心的规划定居到罗马世界里，规划的出发点是出于税收而不是土地的考虑，这对帝国晚期的社会和政治变化几乎没有发生影响。

这些历史学家的论证还不能说服大多数研究者，也许根本原因不在学术本身，而在于他们的现实关怀。“今天，我们被鼓励去最小化欧洲各人群的差异，不仅是在古老的过去，而且是现在：渐渐地，欧盟公民作为一个完全不同的想象的共同体被唤醒了，欧洲人，这个 identity，和它要去替代的那个排他主义的民族 identity 也许同样有问题。……这种创造中的一个强大因素就是共享的历史，然而欧洲历史如何写、如何被相信才能导向统一，而不是唤醒那古老的敌对、战争和恶行呢？”更加直接的疑问是：“用工具主义的欧洲整合神话替代工具主义的民族史神话，是不是就更合理更正当呢？这样做就不带有其自身的危险吗？”

欧洲统一的理念、信心和努力，是对近代民族—国家政治实践的一种超越，那么，为这一进程服务的历史学，也应当超越民族—国家时代的民族主义史学。或许就是基于这样的思考，帕特里克·格里最后说：

> 那么我们怎么办呢？创造了欧洲多个民族的神话，即使还没有消亡，也已日渐式微凋谢；而用以创造单一的欧洲民族的神话毕竟还不存在。单一的欧洲民族认同是不是一定要在与假想中的共同威胁的对抗中寻觅，无论这个假想的威胁是美帝国还是扩张中的伊斯兰？然而不管你怎么评价，欧洲的美国化（Americanization）已是事实；而伊斯兰也早已在欧洲深深扎根，成了它最有活力的宗教传统。一个新的、单一的欧洲民族，将不得不与这一现实达成妥协，即使这是一个令人不安的现实。

我们现在明确提出要走出民族主义史学，不是因为告别的条件越来越成熟了，事实上民族—国家的国际秩序仍将维持很多很多年，而是因为告别的必要性越来越强烈、越来越紧迫了。与现实社会的深刻关联，使历史学负有过于沉重的责任，而任何一个历史学家都没有理由把这些责任推给其他同行。牛津大学的玛格丽特·麦克米兰（Margaret MacMillan）在《危险的游戏——历史的利用与滥用》（*Dangerous Games: The Uses and Abuses of History*, Modern Library, 2010）一书中，列举大量事例，向世界各地的史学家敲响了警钟。书中有这样一段话：

> 历史制造了太多冲突，但也能有助于带来和解。南非和智利的“真相与和解委员会”旨在暴露过去的全部伤痕并向前看。这并不意味着沉湎于过去的痛苦和罪行中，而是接受事实并努力理解其意义。……诚实地考察过去，哪怕它对某些人来说难以接受，是社会走向成熟并在社会之间架起桥梁的唯一途径。

毕竟，无论是身处、生活在哪一个民族–国家，我们都事实上共享同一个历史，而且共享同一个未来。这个认识要求我们所讲的历史，固然是为某一个人群、某一个地区、某一个国家的，但也要超越这个具体的人群、地区和国家，最终可以成为人类整体历史的一个有机组成部分。

世上本无黄种人

——读奇迈可《成为黄种人》

我年轻时，某个赶写博士论文的冬夜，在 FM97.4 里听了朱哲琴的《黄孩子》，那种空旷萧索的孤独感和无望感，恰好匹配了我写不下去却不得不写的绝境。“在白人的大街上，有许多蓝色目光。……在黄人的家庭里，有许多黑色目光。”歌词把白人蓝眼与黄人黑眼相比对，倾诉东方在西方面前的失落。歌里唱道，“在那个时候，在那个时候，我不知道自己是个黄孩子”。和唱歌时的朱哲琴一样，我听歌的时候，已经知道了自己是“黄种人”。那首唱遍中国的《龙的传人》里就有一句“黑眼睛黑头发黄皮肤，永永远远是龙的传人”。我们被教育去认知并认同自己的黄种人属性，被教育承认自己的皮肤是黄色的，尽管肉眼看我们的皮肤一点也不黄，除非是生了某种特殊的病。

这许多年间，如同周伯通努力忘记《九阴真经》那样，我们逐渐把一团又一团的教育糨糊从脑子里清除出去。种族思维逻辑下的众多概念已经不再流行了，我们知道了人种分类是伪科学，也明白了人类体质特征的差异其实是几万年来生存于地球不同环境所发生的适应性变化而已。在西方学术著作与公众媒体上已很难找到“蒙古人种”、“黄色人种”这样对东亚的标签了。不幸的是，这些标签及其代表的种族思维在两百多年来种族思维的受害地区如中国，却还远远没有成为陈迹。即使在中国近年所出的考古报告中，我们依然很容易读到骨骼分析的专章，其中常常有人种方面的数据与推测，特别是边疆古代人骨的种族分析，诸如有多少属于欧罗巴人种，有多少属于蒙古人种，等等。等而下之的，还有对古代族群骨骼的细致分类，全然不顾古代族群的根本属性其实是政治单元而不是血缘集合。毫无疑问，对于种族思维的反思和批判，仍然是我们常识教育中的空白点。

在这个意义上，我们现在恰好有了一部反思种族思维的上佳教材，这就是奇迈可（Michael Keevak）的新著《成为黄种人：种族思维简史》（*Becoming Yellow: A Short History of Racial Thinking*, Princeton: Princeton University Press, 2011）。此书着力于再现西方社会对东亚人群进行描述和理解的观念史变迁，考察了“黄种人”观念的起源，人种分类理论中“黄色蒙古人种”在西方科学界的定型，以及这一学说如何传播至东方并为东方社会广泛接受的知识过程，是一部有关种族思维有趣却沉重的社会文化史。

不难理解的是，“黄色人种”的本意是指皮肤为黄色的人种。可是，奇迈可此书一个令人吃惊的发现却是，把东亚人的肤色归类为黄色，并非经验观察的结果，而完全是一种近代科学的新发明。18 世纪中期之前的各类西人旅行报告中，对东亚人（主要是中国人和日本人）肤色的描述多是白皙、略暗的白色、橄榄色等，绝少认为东亚人在肤色上与欧洲人迥然有别。包括旅行家、商人和传教士在内的观察者注意到，东亚不同地区的人群体质特征有相当程度的差异，比如中国南方人和北方人比起来肤色要暗一些，但这种差别与欧洲各国间的差异一样，只是深浅之别。这才是经验观察的记录。那时常常被西方观察者归类为“黄皮肤”的，恰恰是在 19 世纪被纳入“白人”范围的印度人。

色彩不单单是对物理现象的客观描述，还带着各文化传统所赋予的价值与情感。笼统地说（当然只是就奇迈可所要论述的方向而言），西方传统中白色代表着神圣、纯洁、智慧和高贵，黑色象征着邪恶、污贱、死亡和野蛮，黄色则意味着不洁、低俗、病态与恐怖。当以中国为代表的东亚被认为与西方一样是文明社会的时候，西方旅行者看东方人的肤色是白的，一点也不黄。但随着西欧工业革命的发展，古老的东方社会越来越显得落后、停滞与衰退，东方人的肤色也就慢慢失去了被描述为白色的资格。奇迈可调查了这种转变，他注意到越来越多的观察者称东亚人的肤色近似白色但并不是白色，到底是什么颜色呢？棕色、橄榄色、灰白色、铅色，等等，总之再也不是白色了。不过，几乎还没有人以单纯的黄来描述东亚人的肤色，因为黄色的确并不是一个可以在东亚用肉眼凭经验观察到的肤色。白色被欧洲人垄断之后，如何描述东亚人，似乎在相当长时间和相当广的范围内，难以达成一致。这个问题的解决，要等欧洲中心主义继续成长，超越经验观察，由近代动植物分类学、人类学和进化论主导，才最终实现了东亚人肤色由白向黄的历史性跳跃。

18 世纪中期开始的人种分类，标志着近代自然科学中的种族思维取代了古典的经验描述，自然体系中的人类在科学上得以分门别类。人种分类学史上第一个重要的学者是瑞典植物学家林奈（Carl Linnaeus, 1707—1778），他在 1735 年出版的《自然体系》中把人类分为四种，其中欧罗巴白种人、美洲印第安红种人和非洲黑种人都是那时已广为西方社会所熟悉的说法，只有亚洲人的肤色他用了一个并不明确的拉丁词 fuscus，通常可以理解为深色或棕色。在 1740 年的德文译本中，这个词被译为德语的 gelblich（“微黄”）。奇迈可认为，这是亚洲人种的肤色从各种可选择的颜色最终走向“黄色”的重要一步。而更重要的一步是由林奈本人迈出的。他在 1758—1759 年出版该书第十版时，把亚洲人的颜色由 fuscus 改为 luridus，而这个词可以译为黄、淡黄、蜡黄、苍白、死一般的颜色，等等。奇迈可强调，林奈并非简单地要在白与黑两极之间寻找一个合适的过渡色，他其实是在找一个暗示病态和不健康的词来指称亚洲人，因为林奈说过，植物呈现 luridus 颜色就意味着悲伤和可疑。

18 世纪后期，所谓的科学种族论（Scientific Racism）里程碑性的发展来自人类学家布鲁门巴哈（Johann F. Blumenbach, 1752—1840）。这位号称体质人类学之父的德国科学家不满意林奈等人以大洲为单位和以肤色为标准区分人种的做法，转而采用体质特征特别是头骨形态分析的方法把人类分为五个种群，分别命名为高加索人种、埃塞俄比亚人种、美洲人种、马来人种和蒙古人种。他发明的人种名称中，高加索人种和蒙古人种这两个词都具有不可思议的巨大生命力，即使在种族思维正在被抛弃的今天，它们仍顽强地频频出现在各种科学与通俗文字里。尽管布鲁门巴哈认为肤色的分类不精确、易混淆，而且他自己只专注于头骨分析，但还是把流行的肤色分类与他的头骨分类相结合，从而出现了白色高加索人种、黑色埃塞俄比亚人种、红色美洲人种、黑褐色马来人种和黄色蒙古人种的五大人种分类法。在奇迈可看来，正是由于蒙古名称为学界所广泛接受，与该人种相联系的黄色也就稳定下来，一枝独秀，成为所有备选颜色中最终的胜出者。从此，东亚人种就具有了蒙古体质与黄色皮肤的双重标签。

1795 年是科学种族论的一个重要年份，这一年布鲁门巴哈创造了“蒙古人种”和“高加索人种”等全新概念，在之后的数十年间，尽管仍有人对如何更好地描述东方人肤色存有争议，东亚人的“蒙古人种”属性则已被普遍视为定论。布鲁门巴哈为什么采用蒙古来命名东亚人种呢？奇迈可分析，这并不是一个随意的、方便的选择，也不是因为蒙古人头骨最典型、最具代表性（据说这是以高加索命名白种人的理由），而是因为蒙古人是历史上最令西方惊恐的东方人，这个名称足以唤起西方对于阿提拉、成吉思汗和帖木儿的历史记忆。布鲁门巴哈反复提示蒙古与鞑靼的区别，他把鞑靼之名给予突厥人，认为包括鞑靼在内的中亚以及中东、南亚和北非人，与欧洲人一样都属于高加索人种，蒙古人种则专指东亚人。

布鲁门巴哈创立的体质人类学立即把人种研究当作该学科的全部内容，迅速把科学种族论推向极致。处在白人与黑人之间的红种人、黑褐色人种和黄色人种，如同处在黑夜与白天之间、文明与野蛮之间、完美与恶贱之间的过渡。人种之间的体质差异，不仅仅是生理性差异，还反映了道德与智力的差异。解剖学所证实的高加索人种较大的脑容量决定了白种人的智力优越于其他人种，而且浅肤色和高眉骨也与他们最高的道德水平有因果关系；蒙古人种特有的浅黄肤色和内眦赘皮，与他们生性中的狡黠阴暗、僵化死板有直接的相关性；而埃塞俄比亚人种的深肤色、低眉骨与厚嘴唇，则表明他们仍然接近于猿类。既然人的道德与智力差异取决于生理差异，那么，不仅人种之间，而且各人种的亚种之间的差异，也会指向血统的优劣之别，比如日耳曼人就比其他白人要优越得多，而对白人纯洁性和高贵性威胁最大的是白人中的犹太人和吉卜赛人。这就进一步推动科学种族论走上更荒谬、也更邪恶的不归路。

奇迈可的注意力集中在肤色上，特别是所谓蒙古人种的肤色上。他用了很大篇幅描述体质人类学家以科学研究的严谨和细致，百折不挠地投身于测定肤色的科学事业，他们设计各种方法，发明各种仪器，积累和分析有色人种特别是蒙古人种的肤色属性的翔实数据。他们在进行这项工作之初，早已深信蒙古人种的黄皮肤是一个不容置疑的事实，如果肉眼难以看到，那是因为黄色隐藏在表象之下，只有科学测量、科学实验和科学计算才能还原黄色的真相。依据进化论理论，在人类进化的两极之间，即完美阶段高加索人与原始阶段非洲黑人之间，黄皮肤的蒙古人种代表了进化过程的一个中间阶段，这可以解释为什么东亚虽然有过较高级的古代文明，到一定时候却停滞僵化，以致远远落后于西方。有些东亚人看上去不仅不黄，而且似乎比许多欧洲人更为白皙，那也一定是因为东亚历史上有过欧洲血统的混入。

奇迈可专辟一章讲种族思维在医学中的发展，围绕三个以蒙古命名的病症来说明 19 世纪科学种族论的深刻影响。第一个是“蒙古眼褶”。按照人种分类的生理学描述，蒙古人种眼睛细长且小，有明显内眦赘皮（又称蒙古褶），眼角上眼皮覆盖下眼皮。医生发现部分欧洲人儿童期也会出现眼内眦赘皮，在进化论的视野下，这种现象恰恰成为白种人进化程度高于黄种人的证据。第二个以蒙古命名的病症是“蒙古斑”，这种骶部色素斑本是一种良性的先天胎记，普遍出现在世界各人群中，但因非洲人皮肤色素较深、欧洲人皮肤色素较浅，均不易察觉，故于东亚人群中最为常见，最初被认为仅见于东亚，因而被西方医学界命名为“蒙古斑”。一种科学解释把这种胎记看成人类进化中脱落了的尾巴的遗痕，而这种遗痕不见于白人，同样说明白人的进化程度是最高的。对于部分欧洲婴儿中也存在的这类胎记，有些学者解释与中世纪蒙古人的入侵有关，这种解释又被用来佐证人类混种的危害。第三个就是 19 世纪后期英国医生约翰 · 唐（John L. Down）发现并命名的“蒙古人病”。这种现已改以发现者姓氏命名的“唐氏综合征”，是染色体变异造成的遗传性智障疾病，最初只在欧洲人中发现，因为患者面容都很相像，脸部较宽，眼睛小而上挑，与人们理解中的蒙古人种的面部特征颇为相似，发现者遂称之为“蒙古人病”或“蒙古傻子”。白人患了智障疾病怎么会呈现蒙古人的面容特征呢？符合进化论的解释是，智障疾病就是人类进化的反向衰退，高加索人种衰退的结果，就是回到较低级的蒙古人种阶段，所以会有蒙古人的面容。按照这个荒诞的病理理论，如果蒙古人种也发生智障衰退，患者就应该呈现黑人的面部特征。后来在白人以外、包括东亚在内的世界各人群中都发现了这类病患，旧的病理解释也早已抛弃，这个有着强烈病态特征的“蒙古病”名称却被医学界沿用到差不多二十年前。

正如有些医学机构所批评的，至迟从科学种族论兴起以来，以种族为根据的病理分析已经成为某种本能反应，把种族、族群这类假定以血缘依据划分边界的社会单元，与某些病患的发生机理和流行范围联系起来。这种做法直到目前还颇有市场，尽管国际上一些著名的医学杂志已开始要求作者不再以种族作为解释变量。我们举一个在中国广为人知的例子，就是关于脚的小脚趾指甲分叉的种族或族群解释。小脚趾指甲分叉，在中国有许多种解释，其中很多都从种族或族群角度切入。比如，有人说这是蒙古人种的特征，也有人解释这是汉族的特征，还有人认为这是满族的特征。最浪漫的解释把这种疾病现象与明代洪洞县的移民传说联系在一起，说具此特征者都是洪洞县大槐树下移民的后裔。这种在全世界都普遍存在的指甲疾病（Onychoschizia），可能仅仅与营养缺陷或身体脱水有关，从种族角度寻求病理解释只能是缘木求鱼。

每个文化体、每个社会都有自己的种族思维传统，但只有西方的科学种族论带有科学的光环，并作为近代西方知识体系的一部分进入非西方世界。奇迈可考察了黄色蒙古人种观念在中国和日本被接受的过程，发现中国人接受此一观念更加主动，因为黄色在中国文化中几乎没有什么负面意义（表色情含义的“黄色”一词是后来从西方 yellow journalism 转化而来的），诸如黄帝、黄河等专名的传统以及黄色的尊贵地位等因素，使中国人接受黄色人种归类并无困难，需要剔除的仅仅是西方人附加于白色与黄色的种种价值褒贬。而日本传统中黄色并无这种积极用例，因此接受过程较为曲折。奇迈可还发现，中国人最早接受这一观念并积极推广鼓吹的，是那些有机会接受西方教育或了解西方的知识分子。而对于日本的崛起，中国反西方的社会行动如义和团，西方的反应之一就是“黄祸论”（yellow peril）的出现。黄祸论虽然是针对近代中国和日本的，但历史依据却是13世纪的蒙古西征，全然不顾历史上中国是蒙古征服的受害者，而日本也差一点就遭受蒙古征服。蒙古人种与黄色人种这两个标签结合起来，才可能推动“黄祸论”的流行。

从1972年理查德·勒沃汀（Richard Lewontin）发表那篇人类基因多样性在人群中分布比例的文章以来，以“种族”（race）这一类的标签把人类划分为不同集团与亚集团的传统分类法，开始越来越失去其生物学的依据。研究者相信，人类基因多样性主要存在于个体之间，比较而言，地域与族群间的差异反倒无关紧要，而且在种族与种族之间、族群与族群之间，根本不可能描画出有科学依据的分界线。最近有关基因与种族、基因与族群关系的研究显示，现代人类基因多样性的现状，是人类在约十万年前走出非洲很久以后，晚至五六万年前才加快速度形成的，是人类基因在个体之间、集团之间历经长久的反复交换的结果，这个过程就是“网状演化”（reticulate evolution），而所谓种族，则是更晚的“社会—文化建构”（socio-cultural construct）。这种“社会—文化建构”的本质，则是政治性的。

然而令人遗憾的是，这些认识在中国社会还远远不是常识，即使在知识分子中，即使在研究历史、民族和族群问题的学者中。事实上，我们经常听到的是《龙的传人》那种“黑眼睛黑头发黄皮肤”的种族认同。正如歌里反复唱着“遥远的东方有一条江”、“遥远的东方有一条河”，明明身在东亚的写歌人和唱歌人，却用“遥远”这个词来描述自己脚下的土地，说明他们不仅接受了西方的种族观念，也主动以西方为中心点来测量和描述东亚。只是，蒙古人种、黄色人种、黄皮肤这样的观念与词语，在今天的西方主流媒体上，在西方科学论著中，却基本销声匿迹了。这不仅是出于所谓“政治正确”，其实主要是出于“知识正确”，因为现代科学早已脱胎换骨，抛弃种族思维了。

正是在这个意义上，我认为奇迈可这本《成为黄种人》对中国知识界具有很高的科普价值。只有深入了解种族思维的历史发展过程，我们才能知道种族观念、人种分类知识是多么荒谬和危险。

双螺旋的低语

一

匈奴研究界在2010年秋天忽然起了一个不大不小的波澜。这一年美国体质人类学协会的官方刊物《美国体质人类学杂志》第142卷第3期上，发表了以韩国中央大学医学院 Kijeong Kim 教授领衔共二十二位作者署名的古人骨基因检测报告，题目是《在蒙古东北两千年前的匈奴贵族墓地发现一个西部欧亚男性》。这一研究是对蒙古肯特省巴彦阿达尔嘎县的 Duurlig Nars 匈奴墓地所找到的三例人骨进行基因提取和检测分析。韩国国家博物馆与蒙古科学院合作，从2002年开始就在肯特省及相邻数省开展调查，主旨是研究古代游牧文化，2006—2007年对 Duurlig Nars 墓地进行了发掘，在所发掘的三座大中型墓葬中，除了出土汉式青铜帐钩、马车、铜镜、玉器和金银器具，在三号墓还出土了三具人头骨，韩国中央大学的分子生物学家们就是对这三具头骨进行了 DNA 提取和分析。

根据这份引起了极大争议的研究报告，三例头骨检测的结果为两男一女，其中一男一女的线粒体 DNA 都是 D4，而且男性的 Y 染色体为 C3，文章认为这些基因类型常见于北亚蒙古人种，因此这两人无疑都属于蒙古人种。检测对象的另一个男性，才是该报告的真正热点，因为报告宣称他不是蒙古人种，而属于印欧语的高加索人种。这个结论的依据是在该男性 DNA 中找到 Y 染色体 R1a1 和线粒体 U2e1，报告称 Y 染色体 R1a1 和线粒体 U2e1 是常见于印欧人群的基因类型，而且分析显示该男性 DNA 的常染色体与印度高种姓人群最为相似，因此得出结论他不是东亚人，而属于高加索人种。为了说明基因提取过程没有遭到污染，报告指出所有接触性工作都是亚洲人操作的。报告还把古印欧语（Proto-Indo-European）人口迁徙扩散的研究、古代骑马游牧文化传播的研究，与高加索人种基因的传播结合起来，论证 Y 染色体 R1a1 和线粒体 U2e1 的确是印欧人的基因特征。报告宣称，这是第一次采取到匈奴时代印欧人的父系 R1a1 和母系 U2e1 的 DNA，可能来自印度高种姓（所谓古雅利安人）或外贝加尔地区的斯基泰人。报告最后还有一句针对匈奴历史的结论 ："这个西部欧亚人出现在匈奴帝国显示了匈奴人的种族宽容（the racial tolerance)。"

Kim 团队此一研究的新颖之处是在匈奴人中确认了印欧人的存在。不过，在此之前法国学者克里斯蒂娜 · 凯泽–

特拉基（Christine Keyser-Tracqui）所领导的小组已经连续发表他们对蒙古北部 Egyin 河谷出土的匈奴时期人骨 DNA 的分析，比如 2003 年在《美国人类遗传学杂志》上发表的《蒙古 Egyin 河谷两千年前墓地的细胞核和线粒体 DNA 分析》，在此基础上，该小组试图描画蒙古高原及中亚古代人口迁徙的路线图，比如 2006 年在《美国体质人类学杂志》上发表《蒙古国的人口起源：古今 DNA 的结构分析》，2009 年又在《人类遗传学》上发表《古 DNA 对南西伯利亚库尔干（kurgan）文化人群历史的新启示》。他们以自己采集的古今 DNA 样本为起点，参考各类基因库数据，建立起新的分析框架，比如说，兼顾父系 Y 染色体和母系线粒体的双重数据，不仅在方法上比过去有所推进，而且确定了一些数据标准。正是这些数据标准，成为 Kim 团队区分蒙古人和印欧人的基础。而且不止于数据，更重要的是数据的历史应用。比较一下 Kim 团队所使用的关于历史上人群分类的概念，几乎都见于凯泽—特拉基小组的论文，比如古印欧语向东扩张、库尔干文化的扩张与迁徙、斯基泰与游牧文化、蒙古人种、塔里木干尸等，可以说继承或共享了近代欧洲东方学中的那种印欧中心主义的历史学关怀。

匈奴社会里出现了一个欧洲人，这个检测结果的历史解释必定会引发众说纷纭，不过有意思的是，即使对于这个检测的技术过程，也有专家提出了严厉的指责。现居美国的前苏联生物医学领域的顶级科学家阿纳托利·克里沃索夫（Anatoly A. Klyosov）写了一篇毫不客气的批评文章，对 Kim 团队的基本数据和论证逻辑进行了细致的检验，发现了检测数据和文献依据方面的许多漏洞，比如把 R1a1 说成“库尔干文化”人群的基因特征，就是一个常见的错误，因为更多地区和更多文化类型的人群都具备这种基因，而且现有数据显示，与其说 R1a1 起源于欧洲，不如说更可能的是起源于东亚。因此，出土于 Duurlig Nars 匈奴墓地的这个人，并不能说是“西部欧亚的男性”，而只是一个带有 Y 染色体 R1a1 基因类型的男性，他既可能来自欧亚草原的东部地区，也可能来自南西伯利亚，或其他地方。

克里沃索夫批评说，以 R1a1 基因类型的存在来支持“库尔干文化扩张与迁徙假说”没有科学依据，不仅跨越了年代学的严格规范，也把文化的传播与血缘的扩散混为一谈。更不要说“古印欧语”只是一个语言学分类，而语言的传播与扩散从来就不会与人口变迁具有同样的速率和模式。描述古基因所代表的人群，在语言学、族群、地域、经济生产方式、文化传统和所谓的人种分类等多种标准间随意使用标签，基本上自动删除了技术论证本来可能存在的学术意义。这个批评很有代表性，现在研究者们偶尔提到 Kim 团队这篇文章时，无不大摇其头，视为 DNA 史学应用的坏典型。用普林斯顿高等研究院（IAS）的帕特里克 · 格里教授的话来说，这样的基因技术应用就是“生产糟糕的历史”。

尽管批评和警告从来就紧紧伴随着基因技术在历史领

域的应用，但媒体和社会却欢迎任何和基因相关的“解密历史”的故事。Kim 团队的研究报告出来后，在世界范围内引起了关注，虽然很快就被一些研究者当作笑谈，但媒体和社会的追捧却热闹一时。而且，该报告所代表的研究方法与旨趣，在世界范围内的同行中也不缺乏同情者和追随者。以中国为例，《边疆考古研究》第 13 辑（科学出版社，2013 年）上，有一篇《蒙古国胡拉哈山谷 M21 号匈奴墓主的线粒体 DNA 分析》，读起来就会感到如出一辙。比如，该文第四部分“讨论”一开始就说：“关于匈奴的人种问题一直是考古界关注的热点问题，蒙古说和突厥说一直存在争论。”这和前面所提到的混用印欧语和高加索“人种”是一致的，似乎不了解蒙古说、突厥说的争议只是对匈奴统治集团的语言属性的争议，与所谓“人种”绝无干涉。该文的结论认为所探讨的 DNA 属于所谓蒙古人种，但还是说：“匈奴人的主体还是蒙古人种，少量的欧罗巴人在两千年前已经到达了东北亚地区。”大概是考虑到并且要尊重前面所说 Kim 团队研究的结果。

二

新的科学技术常常改变人们认识世界的方式，而利用基因技术回答传统历史学不能回答的问题，是过去二十年间最引人注目的发展之一。美国国家地理频道轰动一时的纪录片《人类之旅：基因的奥德赛》的制作人斯宾塞 · 威尔斯

（Spencer Wells）说："人类所写的最伟大的历史著作，其实就在我们血管里流淌着。"如果这句话还不够激情洋溢，我们再引一段因为用线粒体 DNA 论证人类源自非洲而闻名的布莱恩·赛克斯（Bryan Sykes）的话，他在畅销书《夏娃的七个女儿》一开篇就说："我们终于可以解码过去的信息了，人类的 DNA 不像古代羊皮纸那样会褪色，也不像久已死去的战士的剑那样会在土里锈蚀。风雨不会使它朽烂，烈焰与地震亦不能使它衰灭。"分子生物学技术的发展，使得比史前还古老的深度人类史的研究变得可能，非洲起源说的巨大成功就是一个典范。

应用 DNA 技术，把人类作为一个整体的研究，以及对人类个体的分别研究，从理论上和技术上都比较简单，问题出在对人类进行分群的研究。"人以群分"，自古而然。即使是家族这种理论上以血缘关系为纽带构成的人群单元，也与现代生物学意义上的亲缘结构绝不相等。从生物学意义上来说，任何一个个体的父母、父母的父母、父母的父母的父母……一直往上推，数量巨大的男男女女，都是对该个体的 DNA 做出了同等贡献的祖先。从任何一个个体回溯对其生命构造做出了平等贡献的祖先，由 2、4、8、16、32、64……越来越多，到第 20 代时，就该是 1 048 576 个人。想想看，理论上我们在唐宋时代的祖先数量，一定比那个时代的人口总数要多得多。当然这种计算忽略了我们任何一代祖先之间必定存在的高度重叠，但个体的生物学意义上的祖先必定是越往上越多的，画成图表就是一个向上无限开放的倒金字塔。可是在绝大多数社会里，以家族为单位的历史叙述，却都是从单一的祖先开始，繁衍越来越多的子孙，画成图表则是一个向下无限开放的正金字塔。

这种矛盾的本质在于，与普遍接受的认识正相反，家族并不是一个纯粹的血缘组织，而是一个文化构造，是社会制度的产物，是社会权力关系的反映。随便翻看一下中国的传统家谱或族谱，祖先中女性的普遍缺席，每一代权势男性的中心地位，以及单一而遥远的男性祖先的攀附，都多少反映了所谓家族的本质属性。且不说任何一个家族的任何一代都可能存在非血缘成员，即使未曾发生血缘错讹，传统家族结构也绝不是以容纳全部血亲为目标的。家族是一种社会制度，只有经过了这个制度过滤、筛选和选择的血亲成员才可能进入家族。可是，利用线粒体 DNA 和 Y 染色体来追溯，在任何一代祖先中就只能辨认出两个祖先。理论上，在我们回溯至第 20 代祖先时，应用线粒体 DNA 分析可以帮助我们辨认出一位女性祖先，Y 染色体可以帮助我们分辨出一位男性祖先。然而，与他们两人同时代，我们共有一百多万个祖先，这上百万人的族群、地区和语言分布，一定是天差地远的，我们怎么能仅凭其中一两个祖先的地区或族群特征，就宣称自己的祖先属于什么人类群体呢？

哈佛大学著名的黑人教授盖茨（Henry Louis Gates）主持过十多种广受欢迎的电视系列专题节目，其中好几种都专注于“寻根”，借助于口传资料、文献档案、教堂记录以及 DNA 检测，探寻美国黑人的祖先。其中影响特大的一种就是《非裔美国人的人生》。在 2007 年 10 月 7 日的该节目中，一位来自纽约的黑人妇女 Vy Higgensen 被当场告知 DNA 测试结果，首先她被告知 DNA 测试帮她找到了现在美国人中一些她不知道的亲戚，其中一位男性是密苏里州的白人牧场主。接下来的寻根环节，一个 DNA 测试公司宣布 Higgensen 的祖先是塞拉利昂的 Mende 人，另一家公司则宣称她的祖先在象牙海岸的 Wobe 部落里，而第三家测试公司则说她的祖先来自塞内加尔的 Mendenka 人。她在节目现场明显表现出不安和困扰，她本来以为会有一个确定无疑的具体结论，而现在似乎演变成了“信则有不信则无”的游戏。

更有意思的是盖茨教授本人的经历，这个经历使得本来狂热迷信 DNA 寻祖的他开始怀疑并批评这一新兴服务业。《纽约时报》2007 年 11 月 25 日发表罗恩 · 尼克松（Ron Nixon）的文章《DNA 测试找到的多是枝杈而非树根》，讲到盖茨教授自己的故事。据盖茨说，他在 2000 年请一家 DNA 测试公司帮他寻根，被告知他的母系祖先极可能来自埃及，也许源自努比亚族群。五年后他请另一家公司测试，得到的结论却是他的母系祖先不是努比亚人，甚至也不是非洲人，而极可能是一个欧洲人。这让他大为震惊，赶紧调查为什么五年前是另一个结论，原来前一个公司并没有把基因测试的多个匹配结果都告诉他，而其中绝大多数都是与欧洲人匹配。盖茨教授说："他们只是把他们认为我想听的告诉了我。"

事实上，绝大多数公司都不会事先说明这种 DNA 测试的技术局限与伦理风险，比如可作比对的样本数据库一定是有限的，以及最重要的一条，就是对数据解释的空间，有时候可能过于巨大。正如前面说过的，目前 DNA 测试应用于个体追寻祖先的主要手段是父系的 Y 染色体和母系的线粒体 DNA，即使数据库中的样本匹配是可靠的，那也只是在个体的数量巨大的祖先中找到了其中的一两个，如何可以用这一两个样本的地理、族群和语言属性，就排除其他成千上万、对个体生命构成同等重要的祖先们呢？正如盖茨教授所说："这一切都说明，你不能拿着测试的结果之一就信以为真地说你是这你是那，有时候测试结果会改变，会有另一群人成为你的堂亲或表亲。"

家族尚且如此，超越了家族的族群、国家或地区，那些以文化、政治、语言或历史传统形成的人类群体，其边界又如何可能与生物学意义上的人群边界相等同呢？古代并没有现代"民族"这样的概念与社会实体，只不过有大致上近似于现代"族群"这样的观念和社会存在。但即使是这样的社会集团，其本质仍是非血缘的，把这样的集团维系在一起的，并不是血亲纽带，而是文化、政治和历史传统，而且所有这样的人群，都处在持续变动的历史过程中。最值得现代研究者警醒的，就是古代族群结构的流动性和族群边界的开放性。即使那些在地理上极为偏僻而与外界联系稀少的族群（研究者倾向于在这样长期孤立闭锁的人群中采集样本以确定人群间生物学差异的标准），也在时间的长河中保持着一定的流动性。所有那些以英雄祖先滋蔓生发出来的民族历史，其形式虽然只是不同时期各人群不断修订的群体传说，但其实质则是各人群围绕文化与政治权力所进行的缘饰与解说，以及这类缘饰与解说的层层堆积。

所有古老的缘饰与解说所努力的方向之一，就是把当下人群描述为一个血缘性的集团，用生物学意义上的血亲联系掩饰内在的政治联系。近代以来的民族观念，以及“民族—国家”的政治实践，正是这一历史传统的延伸。把不同民族和不同族群看作在生物学意义上彼此有清晰区别的人群，这种学说的极端演化就是种族主义，而 19 世纪后期至 20 世纪前期的种族主义学说影响到政治实践中，最极端的就表现为种族灭绝。以德国纳粹为代表所犯下的滔天罪恶，是人类文明史上最沉痛的教训之一。对种族主义的反思，应该从基本的概念、观念和方法入手。

三

不错，“人以群分”，但分群的标准是什么？族群、民族的分类，究竟是由于历史和文化的社会过程，还是本来就具有生物学的科学依据？当我们宣称自己的族群归属时，我们的依据究竟是一种主观认同，还是可以用科学数据表达出来的客观生物学标准？匈牙利考古学家乔纳德·巴林特（Csanád Bálint）在2010年发表的一篇论文中指出，关于人群分类，20世纪有两个影响很大的学派：一个是英美学派，强调主观认同；一个是德苏学派，强调客观标准，包括物质文化与生物学特征。如果他说的这两个学派的分野的确是存在的，那么20世纪后半期的中国，大概是属于德苏学派那个传统的。这可以解释，为什么在中国研究者中，强调族群分类有客观依据的并不少，而且当有人用DNA来研究中国各民族的历史时，竟然难以听到批评的声音。

在巴林特的家乡匈牙利，种族主义思维远远没有肃清，甚至相反，还颇有市场。匈牙利2010年国会议员秋季选举之前，极右翼政党（匈牙利国会的第三大政党）的一个候选人请一家名为Nagy Gen的医学诊疗公司为他做DNA测试，以证明他没有犹太人和吉卜赛人血统，而是一个纯种的马扎尔人。这份测试报告宣称，在该候选人基因组的十八个点上的检测表明，他的祖先中没有犹太人，也没有吉卜赛人。该报告发表在该政党的选举网站上，说明种族主义、纳粹主义还颇有市场。这种做法，立即引起国际上的强烈谴责。欧洲人类遗传学学会的会长约尔格·施米特克（Joerg Schmidtke）斥责说：“这是对基因测试价值的恶劣扭曲，何况这种测试什么也证明不了，对一个基因组如此稀少的位置所做的测试根本不可能排除一个人的祖先构成。”这家提供DNA测试并帮助论证纯正血统的Nagy Gen公司，不久即面临匈牙利司法部门的刑事调查。

当然这是极端的例子，但是极端的例子背后潜藏着基本的和普遍的逻辑。1972 年哈佛大学教授理查得 · 勒沃汀在《演化生物学》上发表了后来被视为经典的文章《人类多样性的分布》，讨论人类基因多样性在人群中的分布比例，给传统那种以“种族”（race）标签把人类划分为不同集团和亚集团的分类法以致命打击。人类基因多样性主要存在于个体之间，比较而言，地域与族群间的差异反倒无关紧要，而且在种族与种族之间、族群与族群之间，根本不可能描画出有科学依据的分界线。2000 年 6 月，在白宫庆祝人类基因组序列图绘制完成的聚会上，来自遗传学研究所和国家健康研究所的两个学者宣布，种族概念没有遗传学依据。近年有关基因与族群、基因与种族关系的研究显示，现代人类基因多样性的现状，是人类在约十万年前走出非洲之后很久，晚至五六万年前才加快速度形成的，是人类基因在个体之间、群体之间历经长久的反复交换的结果，这一过程就是“网状进化”（reticulate evolution），而所谓种族，则是晚得多的“社会–文化建构”（socio-cultural construct）。从历史学的视角，可以说这种“社会–文化建构”的本质是政治性的。

2011 年得克萨斯 A&M 大学出版社出版了《种族？揭穿一个科学神话》，两个作者是美国自然史博物馆的两个资深学者，一个是体质人类学家伊恩 · 塔特索尔（Ian Tattersall），一个是遗传学家罗布 · 德萨勒（Rob DeSalle）。

在这本书里，两位科学家把人类体质多样性放在更宽广的自然多样性的大背景上观察，指出在五六万年以前，我们今天肉眼所容易观察到或倾向于用来当作种族或族群分类标准的那些人类体质多样性还是几乎不存在的，是在上一个冰川期内相对孤立的人群各自逐渐发展出了新的多样性，从进化或演化的角度看，这只是人类历史的短短一瞬而已。随着冰期结束，人类各人群之间忽然急剧加速了个体接触与基因交换，人类演化史进入了一个新的、前景很不明朗的瞬间。在这个意义上说，主张人类存在种族差异是没有什么科学基础的，“种族”或“人种”这个概念不具有任何科学性，理所当然是应予废弃的。

同一年，哥伦比亚大学出版社出版了一部专题论文集《种族与遗传革命：科学、神话与文化》[两个主编分别是谢尔顿·克日姆斯基（Sheldon Krimsky）和卡特勒恩·斯隆（Kathleen Sloan）]。这本书的主旨就是讨论何以在种族思维作为一种科学神话早已被解构的今天，DNA 技术却被用来为 19 世纪的种族分类背书，事实上推出了新版本的种族思维，这与我们社会现实中的种族、族群不平等之间有什么样的联系。作者们对医疗实践和司法判案中应用 DNA 技术，以及 DNA 数据采集过程中明显的族群差异，如少数族裔偏多而白人偏少，都作了深入的探讨。当获自个体的 DNA 数据被应用于涵盖群体，而这个群体又以族群或种族作为划分标准时，DNA 技术的滥用就是基于陈旧却被翻新的种族思维。

以医疗中的种族思维为例。2005 年 6 月美国食品与医药管理局（FDA）批准了特别用于黑人心脏衰竭的药品 BiDil，据说这个药品的推出是基于对一千零五十个黑人患者的研究试验。由于这是美国联邦政府第一次批准基于族群分类、针对特定族群患者的医药，立即引发了激烈的争议和讨论。美国人类学学会官网很快发布了一些学者的批评，称这种做法无异于把“种族”当作人类遗传多样性的代理人给予“重新登记”。随后展开的对这一药品开发史的调查显示，BiDil 只是把此前已行用了许多年的治疗心脏衰竭的两种药品混合起来，而这两种药是针对一切族群患者的，而且 BiDil 的实验对象只有黑人，并没有其他族裔的患者参与以形成比较参数。进一步的调查显示，没有任何证据显示 BiDil 对黑人患者有特殊的疗效，事实上对一些白人患者的疗效更加显著。《科学美国人》在 2007 年 8 月号刊出乔纳森 · 卡恩（Jonathan Kahn）的文章《药瓶里的种族》，对这一争议做了总结性的调查和评论，文章揭示，制药商利用了公众潜意识中的种族思维以及社会所呼唤的“个性化诊治”的技术发展趋势，推出了这种基于种族和族群分类的药品。

在前举两书出版之后，加拿大约克大学的生物学史家简 · 萨普（Jan Sapp）教授在《美国科学家》2012 年第 2 期上发表的书评，即以《种族终结》（Race Finished）为题。不过，即使大众甚至许多专业工作者已经认识到传统的“种族”、“人种”乃至“民族”并不是一种有生物学科学依据的人群分类，他们仍然难以避免地倾向于，或下意识地偏向于认为族群（ethnic grouping）有一定的亲缘性，也就是有一定的生物学意义上的联系。

徐文堪先生在《上海书评》(《也谈“种族”》，2013年5月26日）上回应我那篇《我们不是黄种人》时，举出因写作多部畅销书而蜚声世界的贾雷德·戴蒙德（Jared Diamond）的话，说如果从瑞典、尼日利亚、日本三国各找来一个人，没有人会搞错他们的国籍，因为只要看一眼就可以分辨出他们分别是白种人、黑种人和黄种人。徐先生似乎认为，这个例子说明人群间的生物学差异是一个不能否认、值得研究的事实。但是，在我们生活中出现的人群差异，通常不会有类似瑞典、尼日利亚与日本这样巨大的空间间隔，而是日本与中国、蒙古与突厥、维吾尔与哈萨克、华北与华南、湖南与四川等这个规模空间差的比较样本。如果有过一个较为原始的人类多样性分布时期的话，那么理论上这种多样性在空间上会呈均匀过渡模式，历史上出现问题的不是相距遥远的两个空间点之间的多样性差异，而在近距离的两点之间。

这就使得我们必须正视：中国人与日本人，越南人与泰国人，汉族与土家族，白族与傣族，布依族与水族，突厥与鲜卑，粟特与回鹘，等等，这些以各种方式被划分出来的人群之间的差异，究竟是仅限于政治、文化和历史意义上的，还是在遗传学意义上同样有或多或少的依据？以为基因数据可用以判断种族或族群归属，正是基于传统且过时的认识，即相信人类曾经分为彼此区别、各自孤立或独立的人群集团，这些集团相对封闭地在地球的不同地方各自独立演化。分子生物学和遗传学家已经一再阐明，对于人类社会因肤色、语言、宗教和历史传统而发生的复杂社会分层，DNA数据是无法有效加以分别的。

与“民族”（nation）一样，“族群”（ethnic grouping）也是一种有意识的创建（conscious creation）。我在很多地方都说过，出现在历史视野里的所谓“民族”（越来越多的学者宁可称之为“族群”），其本质都是一种政治体（polity），而不是文献中所描述的，或它自己所宣称的那样是一种源于共同祖先的社会体。把这种人群凝聚起来作为一种力量呈现于历史场景中的，就是政治关系、政治利益和政治过程。这种人群从头就不会以亲缘关系作为自己的组织纽带，其组织结构的高度流动性注定了成员的多元化，边界模糊正是其活力所在。这样的所谓“民族”，只能以政治和文化来定义，如果试图以生物学定义来描述其足以区别于相邻人群的特性，那注定是水中捞月。那种以基因差异来判定古人“族属”的做法，还有什么科学依据呢？企图以生物学的基因差异为这些复杂的历史构建物划分边界，或者反过来，以某种不可靠的分类标准来推测古代人群的地域分布及其移动，无论如何也是南辕北辙的。

四

说了这么多貌似对基因技术应用于历史研究相当消极的话，是不是就意味着要把DNA数据分析排斥在历史学的学科之外呢？当然不是的。任何技术手段都有其局限性，也都有其特定优长，关键是如何应用。如何应用，说到底是一个历史学思维的问题。到目前为止把DNA应用到历史研究中来的多数案例，在我看来都是为陈旧过时的史学思维寻求新技术的再包装。但也有一些真正有创造力的学者，尝试以DNA技术应用于一些过去完全不可能操作的历史课题，这种摸索的成效到底如何固然有待观察，但其课题设计之新颖鲜亮，研究思路之踏实明确，加上值得期待的理论前景，有可能给DNA的史学应用树立新的典范。试举一例于下。

普林斯顿高等研究院的帕特里克·格里教授是欧洲中世纪史领域的重镇，多种著作都已成为标准文献（standard literature）。他目前正领导一个国际团队，应用基因技术研究4到6世纪的伦巴第人越过阿尔卑斯山自北向南的移民问题。欧洲古典后期和中世纪早期（研究者称这一时期为Late Antiquity）所谓蛮族入侵或蛮族迁徙，历来是欧洲史的重要题目。根据中世纪中期的文献记载，起源于斯堪的纳维亚的伦巴第人迁到中欧数个世纪之后，于6世纪后半叶从多瑙河以南的潘诺尼亚（Pannonia）地区南迁进入意大利半岛，建立伦巴第王国。传统历史叙述非常强调伦巴第人南迁过程中保持自身历史传统、不与当地人群混合的一面，也就是说，依照至迟确立于 19 世纪的历史论述，伦巴第人的大规模南迁改变了意大利北部这个时期的社会与文化面貌，人口替代与政治统治的变迁是同时发生的。

帕特里克 · 格里教授想要解决的问题是：是不是正如同 19 世纪的浪漫想象那样真的发生了自斯堪的纳维亚至意大利和西班牙的大规模族群人口迁徙？还是如近年研究者所主张的那样，只不过是帝国行政和财政体系下所招募的小规模的异质文化人群，受帝国雇佣而定居在帝国缘边区域？或者，这些人群究竟是彼此差异明显、有清晰族群边界的古老蛮族部落呢，还是帝国的乡巴佬或地方性“蛮人”，只不过有时在族群标签下联合起来打家劫舍甚至称王称帝？——依据传统史料，包括数世纪之后写定的文学性的历史记录，零碎散乱的行政文书，以及有关墓葬与聚落的不大清晰的考古材料，并不能让学者们达成一个共识。这正是 DNA 技术可以发挥优势的地方。

在帕特里克 · 格里教授看来，过去用基因研究历史的努力受困于两个基本短板：第一，绝大多数探路者都是用取自活人的 DNA 样本来追溯其祖先，这也许适用于非常古老的迁徙案例（如人类走出非洲），但却不适用于研究如中世纪这样较晚近的迁徙案例，因为这样的研究高度依赖于一种假定，即在所希望研究的迁徙发生之前和发生之后该人群必须保持极端稳定的结构（不受外来人口的干扰）；第二，如果研究者要从中世纪墓葬中获得 DNA，古代人体组织可供提取的基因数据相当稀少，基本上只是非基因重组体的、源自母系的线粒体 DNA，在人体基因组中所占的份额十分微小，仅仅基于这一数据就匆匆做出重大历史结论，自然是靠不住的，正如英国遗传学家 Mark Thomas 所讽刺的那样，无异于只读了一本 500 页书的其中一页就要总结全书的内容。那些仅仅依靠线粒体 DNA 数据就获得历史结论的，必定忽略或隐藏了祖先历史的丰富性和复杂性。换一个说法，那种只寻觅线粒体和 Y 染色体数据就讨论历史的做法，犹如早期考古那种寻宝式的野蛮发掘。

然而近年分子生物学的 DNA 测序技术有了巨大的进步，特别是“新一代测序”（next-generation sequencing）技术，可以成功地从古代人骨提取大规模 DNA 数据，从而使得全面的研究成为可能。依靠这样规模的基因数据，就可以比较不同时空的不同人群之间的亲缘关系。帕特里克 · 格里教授把这一技术应用于中世纪早期“蛮族迁徙”问题的研究，组建了包括遗传学家、考古学家、体质人类学家和历史学家的研究团队，试图揭开 6 世纪后半期伦巴第人自潘诺尼亚地区（大致包含今奥地利东部、匈牙利和捷克）南徙进入意大利这一传统历史命题的真相，方法就是比较那个时期潘诺尼亚地区和意大利北部被认为是伦巴第人墓地所出的数百具人骨 DNA，通过分析基因组五千多单核苷酸多态性（SNP）的位置，来重建所研究地区的人口史。

按照帕特里克 · 格里教授的构想，从意大利和匈牙利提取的人骨样本会送到位于佛罗伦萨和米兰的实验室里，进行严格规范的基因提取与测序，然后，基于基因测序所获得的大量数据建立起 6 世纪后期潘诺尼亚和意大利北部两个地区的人口模型，最终依靠这个模型来看：第一，那些传统认为都属于伦巴第人的两地墓葬之间，其墓主人之间是否有一定的亲缘关联；第二，在潘诺尼亚和意大利北部各自的所谓伦巴第人墓地里，那些同一地区同一时期根据出土物已经确认为属于“伦巴第物质文化”的墓葬，墓主人之间是否有较为亲近的基因关联，以及不同墓地不同时期而且物质文化有明显差异的墓主人之间，是否有较为遥远的基因关联。研究的目的，就是要知道文化面貌一致或接近的人群之内，是否基因的亲缘性也比较高，或相反，是否文化差异其实遮盖了基因的亲缘性。也就是说，这个研究项目不仅要比较移民出发地和目的地两个地区人群之间是否有关系，还要比较这两个地区各自的人群之间与人群之内，对考古学所建立的人口模型与基因数据所建立的人口模型进行比较分析。

可以看出，这个研究项目的设计人，对于传统的“蛮族迁徙”说，是有深深怀疑的。当然这种怀疑早已成为近三十多年来一部分中世纪史专家的共识，但难以获得坚定的史学论证。持这一怀疑立场的学者认为，蛮族入侵与蛮族迁徙都是较晚形成的历史论述。入侵与迁徙，都是对持续很久的多个政治与社会过程的简单化总结。也许并不存在短时期内的大规模人口移动，而文化变迁其实是政治过程的产物，无论是在意大利还是在潘诺尼亚。这个项目，就是用新的历史学思维，应用新的技术手段，解决历史学的新发展所提出的新问题，这样获得的史学认知才会具有学术意义。

值得注意的是帕特里克·格里教授所强调的该项目绝对不做的事情。他说："我们不会做的事情是，绝不尝试分辨古代基因样本中哪些才是真正的伦巴第人，也绝不查验他们是不是今日伦巴第地区居民真正的祖先。"看看今日全球性的DNA寻祖和历史研究案例，讨论谁是纯正的什么人，分辨谁该属于哪个人群，几乎占有压倒性的比重。在这个意义上，我认为帕特里克·格里教授所领导的研究是一个宝贵的示范。

基因技术应用于历史学研究，当然是历史学的一个机遇，不过也是一个挑战，决定高下的归根结底还是研究者历史学思维的水平。选择做什么和不做什么，几乎是同等重要的。DNA的双螺旋曲线的确可以奏出美妙的音乐，不过你首先得知道自己能够听到什么，以及希望听到什么。

匈奴：故事还是历史

欧亚大草原上的游牧帝国是从匈奴开始的。从匈奴到蒙古，一千五百年间，无论创造了辉煌文明的欧亚定居社会如中国、印度、波斯、地中海诸国、东欧和中欧诸国曾经如何强盛，当他们面临草原游牧军队的铁骑时，都显得那么笨拙和孱弱。自古以来，以定居文明为本位立场的思想家和历史学家，也都绞尽脑汁想弄明白，为什么拥有高度文明和伟大传统的农业国家，竟如此经不起那些乍兴乍灭的草原政权的猝然一击？除了大肆渲染并极力夸张游牧军队的残忍和野蛮，难道就只能把定居文明的失败归因于定居文明自身的政治腐朽和王朝堕落吗？传统的历史学家无法解释这种历史的和现实的困境。

这就是我们关心匈奴的原因。现今有关匈奴的历史知识，存在着许多疑问、猜测和误解，有不少神话成分。最突出的一个例子是关于匈奴的西迁。东汉中期漠北的北匈奴被鲜卑击破之后，蒙古高原上的匈奴似乎就再也没有以高级政治体的形式在中国史籍中出现，汉文史籍明确以匈奴余部相称的游牧集团只在西域有零星出现。《后汉书》说“匈奴余种留者尚有十余万落，皆自号鲜卑”，已经指出在北匈奴的政权破灭后，原匈奴帝国统治下的人群被新的统治集团——鲜卑人所吸收的事实。但是，当18世纪中期的法国东方学家德经（Joseph de Guignes, 1721—1800）从传教士那里获知中国历史上有个匈奴（Hsiung-nu）时，就立即联想到西方历史上的匈人（Hun），二者名称上的近似使他相信匈人就是西迁后的匈奴，并写进《匈奴、蒙古与其他西部鞑靼的通史》（*Histoire generale des Huns, des Mongoles, des Turcs et des autres Tartares occidentaux*, 1757）。德经这个联想经著名历史学家吉本（Edward Gibbon）援引入读者面极宽的《罗马帝国衰亡史》后，很快成为一种流行说法。

然而，从北匈奴破灭到匈人出现在罗马帝国的边陲诸省，其间年代学上的断裂长达二百多年。为弥补这种断裂，研究匈人的一些西方学者把许多不相干的历史事实联系到一起，为匈奴西迁编织了年代上和空间上的连续历史。当然，这些编织大都是牵强附会、缺乏可靠依据的，早就被现代严肃的内亚历史文化研究者所否定。把匈奴与匈人联系起来的尝试不属于历史学家的工作，这在当今的中央欧亚研究者中几乎已成共识。除非出现进一步的证据，匈人乃西迁的匈奴残部这个说法已很难再回到学术讨论里。有趣的是，在中国仍然有相当多的人对这个说法信为确论，津津乐道。这个现象本身，足以说明匈奴历史中存在着许多非历史的内容。

但要正确解读匈奴的历史也非一件易事，因为匈奴人没有留下任何直接的文字资料。匈奴不像突厥、契丹、女真和蒙古那样各有自己的文字与文献，记录匈奴历史的文献资料全都是由对匈奴持敌对态度的汉朝官员用汉文写下来的。汉文史料提供了描摹匈奴历史轮廓几乎唯一的依据，而教科书中有关匈奴的叙述都来自这些依据。汉文史料以可靠性高而著称，但关于匈奴人和匈奴国家的起源、发展、衰落与去向，仍然存在着大片大片的空白。匈奴不像突厥那样与东亚文明圈以外的波斯文明和罗马（拜占庭）文明发生深刻碰撞，也没有像突厥那样，由突厥人自己、也由周边的定居文明国家（如唐朝和波斯）留下了许多反映突厥人相貌的雕塑和绘画。

就欧亚大陆的历史来说，匈奴帝国是在以连绵草原为主要地理特征的中央欧亚（Central Eurasia）出现的第一个骑马游牧人建立的大型帝国，幅员之辽阔，足以与同时代任何一个定居王朝相比。但是，我们无法知道匈奴人是何时成为游牧民的，更无法知道他们是怎样以及向谁学到了建立庞大国家组织所需要的政治技术。现在学术界相信，作为一种经济生产方式和人类社会形态的游牧，要比农业和定居社会的出现晚得多。游牧的基本要素是马的驯化和骑乘，这种技术到底是从南俄草原上兴起从而逐渐传播到东部的蒙古草原上的，还是多元起源、各自独立发展起来的，到现在还存在着一定的争议。但是，可以肯定地说，作为草原政治体高级形态的匈奴帝国的出现，绝不应当是像它在史料中所呈现出来的那样突如其来。

在匈奴帝国崛起以前，中西史料都记录了欧亚草原上某些游牧集团或准游牧的人群力量，比如希罗多德所记录的斯基泰人，以及中国先秦史籍中的各部戎、狄，但把他们看成匈奴帝国的前奏，还需要有更直接和可靠的证据。对此传统文献显得无能为力，后起的考古学相对有了用武之地。近代以来，考古学家在华北、西北、蒙古高原及西伯利亚等地区的工作，为解读匈奴文化的源流，提供了越来越丰富的证据和线索。

近一个多世纪以来，俄苏、欧美、日本、中国和蒙古等国家或地区的考古学家，在中央欧亚的广大范围内，特别是在东起俄罗斯的滨海边疆区、西至里海和高加索的内亚地区，发现了大量与匈奴文化可能相关的一些古老文化，如那些极有特色的饰牌、短剑和匕首等青铜器。现在已经被弃用的术语“鄂尔多斯青铜器”的出现，本来是专指这类明显不同于中原传统的青铜器的。这个称谓之得名，就是因最初主要在草原南缘的鄂尔多斯地区发现了这类青铜器。但后来在中国北方其他地区，以及蒙古高原和中亚，甚至在南俄草原及里海沿岸，都大量发现类似风格的青铜器，“鄂尔多斯青铜器”一称遂被“草原青铜器”所取代。这类以动物图案为主要特征的青铜器的广泛分布，显示了在一个极为辽阔的空间内存在着某种连续的和共有的文化价值与生活方式。而这种青铜文化持续的时间早于匈奴帝国，可以设想，后来建立了匈奴帝国的早期匈奴人是这种文化的一部分。从这个意义上说，匈奴帝国是某种历史悠久又分布广泛的古老文化的产物。

语言学研究或许也有助于我们理解匈奴的历史渊源。比较语言学家把匈奴之后蒙古高原上曾建立过高级政治体的鲜卑、柔然、突厥、回鹘、蒙古等游牧集团，都看成阿尔泰语系人群。无论是从比较语言学还是从物质文化的角度看，阿尔泰语系诸人群之间都存在着较强的关联。从历史的角度看，它们各自建立的王朝以及这些王朝所支配的草原社会之间，也存在着深刻的连续性与一致性。那么，这种连续和一致是在匈奴之后才出现的吗？匈奴的历史，匈奴所属的那种古老文化，与鲜卑之后的阿尔泰文化之间究竟有没有关联？逻辑上这个问题也许不难回答，可是要获得学术论证，则需要做更多的工作。

2004年，在蒙古国家历史博物馆的协助下，北京大学历史学系组织的“蒙古国历史文化考察队”来到蒙古国的图拉河（Tuul Gol）和鄂尔浑河（Orkhon Gol）流域，考察的重点是该地区匈奴至契丹时期重要的历史遗迹，包括城市聚落遗址、墓葬、岩画和纪念碑。其中属于匈奴时期或比匈奴还要早的遗迹，主要是墓葬和古城址。

匈奴墓葬考古最著名的是俄罗斯人在蒙古国诺颜乌拉发掘的大型匈奴贵族墓地。我们在图拉河北岸也见到一片方圆约十公里的巨型墓葬区，时代早于匈奴，属草原青铜时代。这个古墓葬区被巨大的方形石墙整齐地分隔开，每一个圆形石堆墓葬都被多层次的方形石圈所分隔，而整个墓葬区又被复杂而宏大的方形石圈里里外外地分隔。这和我们常见的北疆古代石堆墓和石圈墓既有近似也有不同，而最大的不同就是规模更大。

在图拉河南岸达欣其楞县境内靠近哈尔布赫（Har Buh）河谷的缓坡草原上，也有一个匈奴墓葬群。俄罗斯考古学家在墓葬群中发掘出一些陶器和青铜器，显示出与蒙古其他地区所见的匈奴墓葬具有共同特征。

2005年夏，原新疆考古所所长王炳华先生参加美国与蒙古的合作项目，在塔米尔河（Tamir Gol）北岸草原上主持对一组匈奴墓地进行发掘。他们除了找到许多明显属于草原游牧社会的物品，如铜饰件、皮制品、陶器以外，还发现了许多有鲜明东汉特色的物品，如漆器、铜镜、五铢钱等。这为墓葬断代提供了确切的依据。有意思的是，东汉时代匈奴分裂为南、北两个集团以后，仍然控制着漠北草原的北匈奴几乎完全失去了与东汉政权友好往来的机会，双方不再有正式的通使和贸易关系。在这种情况下，北匈奴要得到东汉的大宗物资应该很不容易。塔米尔河谷匈奴墓葬的发掘，提示我们即使在这样的情况下，北匈奴也仍然能够在某种程度上维持与中原的商贸联系。历时数百年的漠北与中原之间的经济和文化联系并没有轻易地断绝。

我们在鄂尔浑河流域考察时，也曾进入鄂尔浑河的支流塔米尔河河谷，专程前往匈奴时代的所谓三连城。塔米尔河水量很大，河谷青草茂密，桦树成林。溯河西行，一路上所见，都是河谷草原的美丽景象。三连城位于塔米尔河北岸的 Hudgiyn Denj，三座大型古城东西并列分布，故称三连城。从土墙侵蚀的情况看，时代相当早。三座城都接近方形，由于尚未进行科学发掘，古城的确切年代现在还不能确知，蒙古学者推断为匈奴时期。但是具体是匈奴的什么时期呢？是匈奴全盛的公元前 2 世纪至公元前 1 世纪，还是北匈奴时期？这涉及我们对匈奴社会中定居因素和农业因素的分析。

塔米尔河河谷大量的匈奴文化遗存，显示这个地区在长时期内是匈奴的核心统治区，很可能是单于庭所在。2006 年 7 月，由北京大学历史学系、新疆吐鲁番文物局等单位学者组成的“中蒙联合考察队”再次来到塔米尔河河谷，在巴特曾格勒县考察了两处大型匈奴墓葬群，一处是索勒毕山（Solbi Uul）山前墓葬群，一处是呼德根陶勒盖（Hudagiin Tolgoi，意为“有水井的山头”）大型匈奴墓地。前者位于塔米尔河西北岸，正对着宽阔而美丽的塔米尔河河谷。这片缓坡上分布着多个墓群，都是呈南北向链状排列，墓葬总数

科布多附近的塔黑勒特匈奴墓地

阿尔泰山腹地，转场中的蒙古牧民

有四十余座。圆形石圈所环绕的中间凹陷部分，应是长方形竖穴，这与中国境内所见的匈奴墓非常接近。形成凹陷的原因，是原来墓穴顶部覆盖有木头，覆以堆积封土，木头朽烂后封土下沉，遂形成凹陷。呼德根陶勒盖的匈奴墓地规模更大，墓地中杂有更早时期的大型石堆墓。匈奴墓往往两两形成一组，非常有趣。

2006 年夏天，“中蒙联合考察队”还在西蒙古的科布多省阿尔泰山区考察了另一种类型的大型匈奴墓葬群。位于满汗县以南十五公里处的 Tahilt（意为“祭祀”）的山前戈壁上，有上百座匈奴墓葬。这处墓葬最突出的特征是，其中相当多的墓葬环有方形石圈，向南开有长短不等的石砌门道，最长的门道有十五米。这种形制的匈奴墓葬在中国尚未发现，在蒙古国亦相当罕见。这提示我们匈奴时期的文化遗迹可能反映了匈奴帝国内语言、文化、人群及社会构成的多样性，这种多样性是我们把匈奴时期考古发现与匈奴历史进行比对时必须充分考虑的。

研究游牧社会与定居文明冲突史的学者，大都相信这样一个前提性论断，即游牧经济不是一个自给自足的经济，它要依赖与其他经济形式如农业经济之间的交换，才能弥补其非自足的特性。现代人类学研究也进一步强化了这种认识。据此，一些学者相信，欧亚大陆历史上经常发生的草原游牧人入侵农业定居社会的事例，要从游牧经济的内在缺陷中寻求解释。骑马游牧民必须与定居农业社会交换产品，以获得草原上无法生产的农业物资。当这种交换不能以和平贸易的方式进行时，通常会演变成暴力劫掠。拥有冷兵器时代最重要战略物资——马，加上无与伦比的骑乘技术，游牧人群在与定居社会的军事较量中，总是占有一定的军事优势，主要表现在机动性和冲击力上，这种优势使得人口数量居于劣势的游牧人群在战场上却常常能集中兵力，形成局部的优势兵力。在这种解释框架内，游牧人侵扰定居社会的目的并不是军事占领，而是劫夺物资并建立不平等的贸易关系。据此，美国人类学家托马斯·巴菲尔德（Thomas Barfield）还创建了一个解释中国历史上草原帝国与中原王朝盛衰起伏彼此对应关系的周期表。根据他这个周期表，每当中原农耕地带出现统一和强盛的王朝时，内亚草原上也会随即诞生一个强大的游牧帝国，因为游牧人只有统一在同一个强大政权体系内，才能够有效地与南方同样强大而统一的中原王朝进行对抗，从而保证获得游牧经济所必需的农业物资。这个周期表虽然不能解释历史上的一切农牧关系，但是影响却非常大。

不过，从游牧经济的非自足性上升到游牧帝国的经济功能，这中间缺少了一个重要的逻辑环节，那就是必须证明在草原上除了游牧经济以外，并不存在或不能存在其他经济形式。而草原考古提供的大量信息对此都是否定的。有充分的证据表明，即使在非常古老的时代，草原上也有专业的金属加工业、制陶业等依赖一定程度定居生活的行业。这就是说，尽管“逐水草而居”的游牧经济在草原上占据统治地位，但也存在着其他经济形势，包括农业和手工业。农业和手工业往往是以定居为基础的，留存至今的许多城市和聚落遗址证实了一定程度的定居的存在。塔米尔河河谷的匈奴三连城便是一个重要的证据。中国考古学家在内蒙古、新疆、甘肃等地的调查、发掘工作中，也早就发现在游牧经济的范围内，存在着一定的农业因素。在这些考古证据的支持下，美国历史学家狄宇宙（Nicola Di Cosmo）明确反对巴菲尔德那个著名的周期表，指出在游牧帝国内多种经济形式都得到了充分发展，那种相信草原帝国的建立根源于其经济上不自足的观点，是不符合历史事实的。

有关游牧人群和游牧政治体的问题总是一环扣一环：游牧经济的非自足性，究竟是自然的游牧单位的基本特性，还是游牧单位被组织进大型政治框架之后才具有的特性？游牧国家对农业定居文明所进行的周期性攻击，究竟是出于经济需求还是内部政治压力的某种释放？游牧国家在建立过程中，经济因素和政治因素究竟何者才是最主要的动力？这一系列的问题，会促使我们在寻求匈奴帝国形成的历史原因时，从其外部转向内部，从经济因素转向政治因素。

匈奴帝国首先是一个政治构造。与古代一切大型政治体一样，匈奴国家包含了多种多样的人群与文化，绝不会是单一的语言、单一的族群和单一的文化。那种探求什么是匈奴语、什么是匈奴人的研究传统，就是把匈奴帝国的政治体属性与该帝国统治人群的社会体属性混淆起来了。建立了匈奴帝国的那个人群，也许与帝国内大多数人群在文化上本来非常不同，但历经漫长的政治与文化过程，统治集团在维持认同的同时，必定发生巨大的文化转型。

比如说，学术史上曾热烈讨论过匈奴说什么语言，绝大多数争论现在看来都已没有意义。这个问题的有效性应该规定在有限的范围内，也就是问，后来建立了匈奴帝国的那个统治集团是说什么语言的？这涉及该集团原来在哪里，如何征服了草原上原有的社会（理应也存在一个或多个大型政治体）。有学者建议，匈奴是从漠南进入漠北的，他们在漠南时，是印欧语人群，进入漠北后逐渐被突厥化了。这个建议的史学背景是印欧语的东扩。如果我们接受"语言迁徙不意味着人群迁徙"的说法，印欧语东扩不一定是印欧语人群的东迁，而是印欧语所代表的某种文化（比如骑射和游牧）向东方发展。这种印欧语文化（甚至还有人群）的东扩，在陇山—黄河地带与春秋战国时代急剧崛起的华夏各政治体相遇，遭遇阻隔，其中的先锋集团如月氏和匈奴被迫向北发展，匈奴就是这样先入鄂尔多斯，后被日益强大的秦压迫到漠北的。

按照这个理解，匈奴在进入漠北之前，说某种印欧语（特别是某种 Iranic）。但正如亦邻真先生所说，不管匈奴本来是说什么语言的，等他们在漠北安家落户以后，在那个突厥语（Turkic）的海洋里，他们最终都会突厥化。当然，这并不是说，匈奴帝国都是说某种或多种突厥语的，甚至也不全都是说阿尔泰语（Altaic）的。在匈奴帝国内，一定存在着众多的语言与文化，包括阿尔泰语系各语族的多种语言、汉语和印欧语中的伊朗语（Iranic）各语言，甚至也不能排除芬–乌语系（Finno-Ugric）各语言。语言复杂丰富，意味着文化传统的复杂丰富。匈奴是一个巨大的文化复合体。把匈奴帝国范围内的某种单一的考古学特征视为“匈奴文化”，当作标准去检验其他考古发现，以确定是不是“匈奴”，这种做法首先在方法论上存在着很大的风险。

我们再回到蒙古戈壁。6世纪以后，突厥、回鹘、鞑靼乃至后来的蒙古，都以鄂尔浑河、塔米尔河的河谷地区作为其政治中心，甚至突厥之前的柔然也以这一地区为中心。那么，匈奴时期的政治中心是不是也在这里呢？从塔米尔河河谷的匈奴墓葬和三连城来看，至少在某个时期内，匈奴也曾经以这一地区作为战略后方。这就引出另外一个问题：全盛时期的匈奴帝国，其重心是在漠南还是在漠北？

把蒙古高原分隔为南北两个地理单元的蒙古戈壁，在中国古代史书中被称作“大漠”，清代的内蒙古和外蒙古，今天的中国内蒙古自治区与蒙古国，就是由这片巨大的荒漠区分开来的。古代大漠以南的蒙古高原被称为漠南，以北的称为漠北。历史上的游牧帝国大多以漠北为中心，以漠南为前线，形成与长城以南的中原王朝之间的对抗。如果中原王朝军事上占有上风，游牧帝国会撤退到漠北，并俟机（一般

回鹘九姓可汗牙帐城

是在秋冬之际）进入漠南实施袭击。中原王朝即使有足够的军事优势，通常也难以组织起对漠北的军事远征。历史上也只有汉朝对匈奴、北魏对柔然、明朝对北元、清朝对蒙古等有限的几次例外，其困难主要在于这片巨大的蒙古戈壁（大漠）。班固《燕然山铭》说："遂陵高阙，下鸡鹿，经碛卤，绝大漠。"所谓"绝大漠"，就是南北横跨大漠，从漠南进入漠北。这种跨越大漠的行为，古书上称作"绝漠"。宋代邵缉夸奖岳飞的词句说："好是轻裘缓带，驱营阵，绝漠横行。"岳飞固然伟大，却实在并没有机会"绝漠横行"。真正实践过"绝漠横行"的中原将领是很少很少的。然而对于游牧军队来说，"绝漠横行"倒是他们的家常便饭。

秦汉之际匈奴帝国崛起的时候，匈奴已经常常出现在长城以南，史书上说的单于庭大概在今内蒙古的中部，也就是在漠南。汉武帝发动旷日持久的对匈战争以后，匈奴单于庭迁至漠北，大概就在今鄂尔浑河流域。可是，匈奴是从漠南兴起的，还是兴起于漠北然后向漠南发展并吞并漠南诸游牧部落联盟，这依旧是一个难以回答的问题。西汉和东汉都曾经派遣远征军跨越大漠，在当时这意味着巨大的人力和物力的耗损，但是在能够承受这种耗损的汉朝统治者看来，只有这样的远征，才能真正对匈奴施以打击。

从读史的角度，"绝漠"真是一个令人向往的经历。2004 年 8 月中旬，当结束对蒙古中部的考察之后，我们决定组织一个小型的"绝漠"活动，当然不是像古人那样骑

大漠深处：清晨的赛音山达

马、骑骆驼，而是乘坐俄制的“普罗冈”中巴越野车，从乌兰巴托出发，向南进入大漠直到中蒙边境。

乌兰巴托以南六十多公里的范围内基本上还是草原景象，可是快到乔伊尔时，满眼已是干旱区的戈壁景象。从乔伊尔向南，就算进入大漠了。地图上标志得很粗的公路，行车时却完全看不见，只有戈壁上的一点车辙。司机只好跟着车辙，傍着铁路和电线杆走。有时候颠簸十分厉害，而且还得常常停下车来找路。傍晚时分，到艾拉格（Ayrag），由此向南，渐渐进入大漠的中心地带。接近赛音山达的时候，地貌呈现严重的沙漠化景观。稀疏的枯草都看不到了，地面由粗砾石变为细沙。汽车进入柔软的路面后，速度明显降了下来。路边不断出现死去不久、尚未腐烂的骆驼、马和羊等，也可常见动物骷髅远远近近地散布在沙地上。动物尸骨保存得这样好，证明这里连食腐动物都很少，生态之恶劣可见一斑。

赛音山达是东戈壁省的省会。蒙语赛音山达的意思是“好水池”，可它偏偏又是蒙古国最干燥多尘的省会之一。第二天清晨，我们曾在安静的赛音山达闲走，看这个还在享受晨梦的城市。城北高岗上，有一座坦克纪念碑。爬到纪念碑旁，向南俯视赛音山达，只见沙漠包裹之中的这座戈壁小城，如同黄色波涛里的一叶孤舟。

从赛音山达到中蒙边境，我们同样是在沙漠与戈壁相间的地貌中颠簸前行，慢慢地，地面有了青色，黄沙渐少，浅草渐多，虽然与草原还有很大差别，但毕竟不是那种荒漠景观了。偶尔能看到牧人和畜群，看到几峰骆驼傲慢地立在浅草戈壁中。这说明我们已经来到大漠的边缘，离中国边境已经越来越近了。

我们所选择的绝漠“捷径”，靠性能优越的汽车尚且费时两天，在古代靠骑马、骑骆驼，必定需要十天左右。大漠内少有水泉，人畜饮水必须随身携带，大规模行军的困难可想而知。然而对于游牧人来说，在艰苦环境中求生存是与生俱来的本领，大漠不是他们自已南北穿行的“天堑”，而是他们防卫南方定居社会远征军的天然屏障。从这个意义上说，我们的绝漠体验，并没有帮助我们理解匈奴帝国内部的政治地理构造，但绝对有助于我理解匈奴何以能够与空前强盛的汉朝长期对抗。

2004 年和 2006 年的两个夏天里，在蒙古高原的图拉河和鄂尔浑河巨大的河谷草原上，在森林密布的杭爱山，在巍峨高峻的阿尔泰山，在黄沙漫漫的大漠深处，我们寻觅着匈奴的踪迹，尝试着解析有关匈奴历史的种种神秘。有趣的是，当旧的疑问还没有答案时，新的问题已不断涌现。越来越多的疑惑，牵引我们越来越深入遥远而又切近的匈奴世界。我们相信，在蒙古戈壁（大漠）以北，不仅仅在蒙古高原，而且在辽阔壮丽的外贝加尔和西伯利亚地区，蕴藏着有关匈奴历史种种疑问的答案。来年夏日的晨风吹起时，我们还会整顿行装，继续靠近那些敛迹于蓝天绿草之间的答案。

从于都斤山到伊斯坦布尔

——突厥记忆的遗失与重建

突厥这个词，本来是指6到8世纪在内亚草原建立了多个汗国的族群集团，中国史书称之为“突厥”，对应的就是鄂尔浑古突厥文碑铭中的Türk一词。这个突厥集团的起源与早期发展情况，中国史书有一些不很清楚的记录，研究者争议很多。可以确知的是，突厥到5世纪时是以阿尔泰山为中心的，是柔然游牧帝国统治下的众多部族集团之一，被柔然称为“锻奴”，大概因为突厥长于锻冶，而且阿尔泰山一带又是重要的铁矿石出产地。有研究者因此认为突厥在制造兵器和盔甲方面可能具有某种优势。

5世纪后期，柔然的统治权遭到蒙古高原上其他一些游牧集团的挑战，特别是高车各部，甚至一度把柔然可汗逐出草原，迫使他投奔北魏。突厥在平定高车叛乱方面立过功，可是未能得到柔然可汗应有的肯定和礼遇，终于变成了柔然帝国的终结者。552年突厥推翻了柔然的统治，取而代之，开启内亚草原的突厥帝国时代。突厥帝国采取和柔然同样的汗国体制，可汗庭也迁至原柔然汗庭所在地的鄂尔浑—塔米尔河谷，依托于都斤（Ötüqän）山，即今杭爱山。于都斤山和鄂尔浑河遂成为突厥帝国的历史象征。

也许是因为突厥的“龙兴”之地本在蒙古高原西端的阿尔泰山，所以突厥帝国比柔然更重视对西域乃至中亚地区的控制，最突出的就是消灭了嚈哒帝国，不仅实现了对大部分欧亚草原地带的直接统治，而且还获得了对草原以南的部分农业定居地区的间接控制，特别是中亚的城邦绿洲诸国。突厥很早就以管控地区为界分成了东突厥和西突厥，西突厥以阿尔泰山以西的草原地带为中心，控制中亚绿洲地区，东突厥则以于都斤山为中心，控制契丹、奚以及铁勒九姓等漠北各部，并南向与中原各王朝争锋。虽然在东突厥第一汗国的大部分时期，西突厥至少在名义上是服属于东突厥的，但西突厥在政治上明显有一定的独立性，而且在东突厥第一汗国覆亡以后很久，西突厥仍然能维持对于西域各城邦的统治。东突厥最主要的敌人是中原王朝（北朝、隋、唐），西突厥的大敌则是萨珊波斯，这种外部军事政治形势自然也会影响东西突厥内部各自的文化变迁，也就是说，东突厥必定较多接受中国文化的影响，而西突厥则较多接受波斯的文化影响。值得注意的是，西突厥与拜占庭往来密切，所以有关西突厥的历史资料，除了唐代汉文史料以外，比较重要的就是拜占庭的希腊文史料。

突厥帝国，无论西突厥还是东突厥，在其汗国体制解体之后，作为政治认同的“突厥”理应随即消失。在蒙古高原上，取代突厥汗国的回鹘等政治体完全否定了“突厥”这一认同，因此可以理解，突厥当然就从后来各政治体的历史活动中永久消失了。可是与蒙古高原形成对照的是，突厥帝国虽然不复存在了，“突厥”作为一个通称性认同，却在原西突厥控制区的游牧社会里凝聚下来。很可能，这种由特定政治体专名向人群通称的转变，并不是由取代了西突厥的各游牧政治体主动完成的，而是原西突厥所控制、影响和对抗的各定居社会坚持称呼草原游牧人为“突厥”造成的，即由西突厥的自称，变成定居社会对西突厥时期及其后特定游牧人群的他称，最终为这些游牧人接受为通称。而这种特定称谓的通称化，也得益于一个极为重要的历史条件，就是西突厥统治部族使用的语言，与汗国治下各主要部族使用的语言，有相当程度的亲缘关系。近代语言学家把这些明显有着亲缘关系的语言，用他们的族群通称来定名，称之为突厥语。

突厥语、蒙古语（Mongolic）和满–通古斯语（Manchu-Tungusic）是阿尔泰语系的三大语族，分别包含多个语种。当前的突厥语族之下，包括哈萨克语、维吾尔语、吉尔吉斯语、图瓦语、乌兹别克语、阿塞拜疆语、土耳其语、塔塔尔语、巴什基尔语等，一共有三十多种，总人口在两亿左右。这些突厥语相互之间的远近关系各不相同，但总起来说

杭爱山主峰，即古之于都斤山，现在仍是蒙古国四大圣山之一

突厥贵族墓前的杀人石长列

有高度的亲缘性。研究这种亲缘性是如何形成的，对理解突厥历史至关重要。一种受到普遍欢迎的理解就是，这种亲缘性突厥人迁徙、扩张并最终在中亚西亚广大区域内居留下来的历史结果，现代各种突厥语衍生自同一个古老的古突厥语祖先。近些年的研究表明，这种研究可能过于简化了。和汉语的所谓方言的形成历史一样，突厥语族各语言的形成，是中亚非突厥语人群经历突厥化之后，以自己原有的语言和文化作用于突厥语而生成一种新型突厥语的历史过程。也就是说，不能把突厥语族的两亿人看成一个共同祖先人群的生物后代，更不能以浪漫化的民族迁徙来解释当前突厥语人口在欧亚世界的分布。

所有现代突厥语国家中，只有土耳其是以 Türk 为国名的。土耳其的国名 Türkiye Cumihuriyeti（土耳其共和国），其中汉译为“土耳其”的 Türkiye，就是以 Türk 加上领有、所属意义的后缀 -iye 构成的一个词，意思是“突厥人之地”。历史上以 Türk 为名的国家、帝国或其他类型的政治体，通常是一种“他称”。比如里海和黑海地区的可萨（Khazar）就被拜占庭称为 Türk。拜占庭后来又称安纳托利亚的塞尔柱人为 Türk。值得注意的是，阿拉伯语里的“土耳其”（Türkiyya）最早却是马穆鲁克（Mumluk）苏丹国的正式国名。他称的形成，通常与自称也有较大关联。拜占庭称塞尔柱为 Türk，后来从塞尔柱诸小邦中崛起了奥斯曼，所以拜占庭又称奥斯曼为 Türk，以至后来欧洲人都称奥斯曼为

土耳其东部小塞尔柱时期的墓室建筑

Türk。从奥斯曼的废墟中诞生的土耳其共和国，便以 Türk 为国名了。

由此可见，与中古汉语中的音译专名“突厥”对应的专名 Türk，在亚洲的另一端，是被记忆得很深很久的。某种意义上，这可以称为突厥记忆。

去土耳其，会经常看到某类宣传画，上面有一行是土耳其语“Ne mutlu Türküm diyene”，意思是“说我是突厥人是多么幸福啊”。这句话是阿塔图克（Mustafa Kemal Atatürk）1933 年在纪念土耳其共和国成立十周年的大会上说的，后成为全国流行的一句话。在不久前才废除的小学生每天宣誓的誓词里，就以这句话作为结束语。在这么多的突厥语现代国家中，直接把现代国家与古老突厥联系甚至等同起来的并不多，土耳其是最突出的一个。

不过，在 20 世纪 20 年代之前，Türk 一词的使用有很不同的情况，很长时间里上层的人似乎不愿说自己是 Türk，而下层的人倒比较不在意别人称自己或自称为 Türk。18 世纪的法国旅行者注意到，在奥斯曼帝国的宫廷文化中，Türk 多被用来称呼那些粗鲁的乡下农民（类似“乡巴佬”），有鲜明的贬义。可是，到了 19 世纪末 20 世纪初，西方突厥学界，特别是德国和匈牙利的突厥学家，把鄂尔浑古突厥文碑铭的最新解读成果介绍到奥斯曼。古代突厥帝国的历史虽然很不清晰，却被赋予了浪漫与梦幻的色彩。正开启民族主义自我教育的奥斯曼知识界由此把自己的历史源头与遥远的蒙

土耳其凡湖西岸的小塞尔柱古墓群

古高原联系起来，掀起了一场全新的突厥史追寻，甚至改变了对奥斯曼与中亚各突厥语社会的历史联系的理解，而且也由此，使得 Türk 这个称谓具备了前所未有的历史荣耀。正是在这样的思想和时代背景下，泛突厥主义与近代民族主义相结合，“天下突厥是一家”的意识开始渗透进各突厥语社会，而在近代化程度较高的奥斯曼更是影响深远。

奥斯曼帝国晚期，主张政治变革、反对苏丹专制统治的青年知识分子组建了许多组织，其中最有名的一个叫 Genç Türkler，一般译为“青年土耳其党”，其本意就是“青年突厥人”（Türkler 是 Türk 的复数形式）。从他们如此骄傲地打出 Türk 旗帜，可以看出突厥历史记忆已成为奥斯曼青年知识分子近代化运动的一个重要资源。

作为近代欧洲东方学的一个分支，突厥学本来是以语言研究为主的。但是现代突厥语的研究逐渐扩展到了古代突厥语，也逐渐与突厥史的研究结合起来了。鄂尔浑古突厥文碑铭的发现和解读，在西方突厥学与汉文史籍中的突厥汗国的历史之间架起了桥梁。突厥人最早的历史只能到中国的北朝史料中去追寻，这样，几乎所有的突厥史开篇就要讲突厥第一汗国和西突厥汗国。由于第一汗国与第二汗国曾经在强盛的隋唐帝国面前昂然挺立，所以突厥语世界对它们寄予特别大的敬意。再加上由于汉文史籍对西突厥汗国的记录远比不上东突厥，因此西突厥的历史相对来说在古突厥史的叙述中并不占有一个特别显著的地位。当然，这可能是一个很大的陷阱——西突厥才是后代中亚西亚突厥语人群追寻历史的可能源头。

鄂尔浑碑铭上的语言被认为是古突厥语，把这种古代突厥语和现代土耳其以及其他突厥语族国家使用的语言紧密关联，完全是近代突厥学的产物。如此一来便出现一个把土耳其语 Türkçe（英语的“Turkish”）和 Turkic 混淆的问题，目前的英文学术文献中，为了区别作为一种语言的土耳其语和作为一个语族的突厥语，以 Turkish 专指土耳其语，以 Turkic 指突厥语族。突厥语包含三十多种语言，所有说这些语言的人群，都可以说是“突厥语人群”（Turkic peoples）。专名的使用也存在着多方面的陷阱，其中既有学术上的，也有日常情感认知的问题，如将突厥语族（Turkic）都纳入突厥人（Turk）的范围，把古代鄂尔浑碑铭中的突厥语视为现代突厥语族各语言的共祖，把现代各突厥语人群看作共享一个突厥历史的社会。泛突厥主义（Pan-Turkism）思潮及因之而起的政治行动，就是基于这样一个跌入陷阱的历史认识。

我认为，现代中亚西亚的突厥世界，也许相当一部分与西突厥汗国的历史遗产相关，但都不能与东突厥帝国的历史传承联系起来。这种认识，在绝大多数的突厥语社会的历史叙述中，都是看不到的，恰恰相反，几乎所有这类叙述，都会把突厥语人群的历史追溯到阿尔泰山。因为根据中国史籍，阿尔泰山是古代突厥的发祥地。可是，中国史籍中的突厥，与现代学者所说的古代的突厥语人群，完全是两个不同的概念。

现代社会倾向于以 Türk 一词作为突厥语族各人群的通称，但在古代，它只是一个专门的指称。在鄂尔浑碑铭的突厥文碑文中，只有突厥汗国的统治人群才是 Türk，那些被征服、被统治的人群，如九姓乌古斯，就不是 Türk。乌古斯九姓，包括后来推翻突厥并成为统治人群的回纥（回鹘，Uyghur），在现代语言学家看来，当然都是说古代突厥语的，也就毫无疑问属于“突厥语人群”。但是，没有任何史料证明或暗示，乌古斯九姓曾经自视或自称为突厥。这个突厥语集团的前身应该是所谓的“铁勒”，而铁勒大概与北朝中前期的高车有很大的关系。当高车在蒙古高原上屈服于柔然的统治，并成为柔然帝国的一部分的时候，后来以突厥之名而震惊欧亚草原的那一小部分人群，应该还局促在阿尔泰山一带。虽然东突厥汗国前后统治蒙古高原的时间并不短，但继之而起的各突厥语集团绝对没有认同突厥，他们都坚持使用自己的族称。真正实现了通称性转换的，是回鹘。在回鹘汗国时期，原乌古斯九姓的大多数部族，大概都融合进回鹘集团了，被视为、也自视为回鹘人。因此，即使黠戛斯推翻了回鹘汗国，逼迫残余的汗国组织西迁，留在草原上的许多突厥语人口，都被看作并自视为回鹘。

在中亚的西部地区，Türk 一词至迟到 10 世纪时已经演化成为一种通称，研究者对这个过程的细节还不是非常清楚。不过可以肯定的是，在西突厥汗国解体并为后续的其他突厥语集团取代的过程中，Türk 实现了从政治体认同向社会群体认同的转换，也就是说，原西突厥汗国统治下的非突厥部族，也因长期被称为突厥而开始自称突厥，其中包括大量在文化上完成了突厥化的人口。突厥化，就是指本来不是突厥人的中亚人改说突厥语，完全认同自己是突厥人，接受突厥文化，完全或基本放弃原有的文化认同（包括语言和历史记忆），代之以突厥的历史认同。这个突厥化过程与伊斯兰化的历史过程相结合，就成为突厥历史的分水岭，把突厥历史的古代与近代区分开来。就古代突厥史的现代叙述来说，西突厥历史的重要性与相关性在很大程度上被忽略了，或者说失落了。

中亚突厥人群的伊斯兰化是一个漫长的过程。伊斯兰化指整个中亚地区（包括伊朗高原北部的呼罗珊地区）随着阿拉伯人的征服，开始逐渐变成穆斯林的世界。在这一地区之北的草原和沙漠地带，是西突厥及其后继诸突厥语政治集团的历史遗产。突厥语人群进入伊斯兰化的中亚世界，无论是作为主动的征服者，还是被动地作为奴隶经由中亚送往中东，也许是最早的穆斯林突厥人。奴隶军人在中亚叫作 Ghulam，在阿拉伯地区叫 Mamluk。被卖为奴的突厥孩童经过训练成为职业奴隶军人，随着征战日久积累功劳，奴隶军的地位也越来越高，有的成为重要的将军，有的甚至成为能建立新王朝的统治者。深入中东的突厥人较早完成伊斯兰化，留居草原和沙漠地区的则缓慢一些，某些突厥部族甚至晚至 14、15 世纪才最终完成这一文化转折。这一过程中，黑汗（喀拉汗）的历史尤为重要，黑汗王朝对中亚东部地区，即今日中国南疆地区的伊斯兰化，发挥了关键的作用。

伊朗历史上最后一个古代王朝——萨珊王朝在阿拉伯征服中瓦解后，伊朗高原的历史进入了一个全新的阶段，即伊斯兰时代。伊斯兰时代的伊朗高原上，首先是波斯人自己建立起来的萨曼王朝（Samanid Empire, 819—999），接着就是突厥将军们建立的伽色尼王朝（Ghaznavids, 975—1186）。伽色尼王朝是突厥人在伊朗高原上建立的第一个王朝。但是，伽色尼王朝深受波斯文化影响，突厥文化因素相当稀少，因此，还不能说突厥文化进入了中亚和伊朗历史的中心舞台。

到了 9 世纪下半叶，改变了突厥人在中亚和中东地区历史权重的是塞尔柱（Seljuk）。由于塞尔柱人的崛起和大塞尔柱帝国的建立，突厥因素才真正进入中亚、波斯高原甚至阿拉伯地区，突厥语言和突厥文化因素终于开始发挥威力，得以沉淀与传承。塞尔柱人在 1040 年的 Dandanaqa 战役中打败了伽色尼王朝的大军，随后控制了呼罗珊地区，以此为中心建立了塞尔柱帝国。塞尔柱人是伊斯兰化的突厥人，塞尔柱帝国高举伊斯兰教的旗帜进行扩张，为已经沉寂多年的阿拉伯征服带来了新的生机，使伊斯兰世界焕发了新的对外征服的激情。对突厥人来说，这有着更重要的意义。塞尔柱人并没有放弃自己的语言和突厥信仰，而且部分地突破了波斯传统，例如帝国的政治领袖称为“苏丹”(Sultan)。塞尔柱帝国是突厥穆斯林所建立的第一个以“苏丹”为君主称号的重要王朝，这个称呼为后来的奥斯曼帝国所沿用。

不过，尽管有着诸多的突厥因素，塞尔柱王朝还不能说就是一个突厥王朝，其文化因素是在变化的，变化的驱动力量是伊斯兰教。以塞尔柱王朝前三个苏丹的名字为例：第一位苏丹名 Toghrul，意为“隼”，这是突厥语常用人名。第二位苏丹名 Alp Arslan，也是典型的突厥人名，Alp 是英雄，Arslan 是狮子。但第三位苏丹的名字发生了变化，他叫 Malik Shah，Malik 是阿拉伯语词，Shah 是波斯语词，两者都是“王”的意思——用复合型的中东语词汇作为人名，反映了塞尔柱人已经向自己所征服地区的传统和伊斯兰教大幅度让步。自萨曼王朝时期开始的新波斯语文学运动，到塞尔柱帝国时代达到了高峰。塞尔柱将中亚统合为一，以今乌兹别克斯坦的布哈拉为中心，使新波斯语运动发展到全新的水平。这不仅是文学运动，除了文学创作外，塞尔柱时代还涌现了新波斯语史学编纂浪潮，大量历史著作开始出现。因此，突厥历史的叙述就变成一个不可避免的问题。

前面曾提及，近代突厥学在发现和解读了鄂尔浑碑铭，确认其中的 Türk 就是中国古代的“突厥”以后，才形成一个大致上被广泛接受的论点，认为古突厥的祖先起源传说，尽管在中国中古史籍中有记录，但被中亚穆斯林统治者以及改宗伊斯兰的突厥领袖们有意抹去了。实际上，这一过程要复杂得多。首先我们无法确定伊斯兰化之前的中亚突厥祖先起源传说是否与中国《周书》等唐代所编的史书所记录的突厥传说一致。中国史籍记录的是来自直接或间接听闻的蒙古高原上的突厥人（东突厥）的说法，但未必是西突厥人的说法。何况，即使在中亚，突厥各部落各集团之间是否有大致接近的祖先起源传说也是未知的。因此不能简单地说这些传说被抹掉了，也不能说这些今已不存的传说一定和中国古史的记载相同。

古代的确存在着关于古代突厥人祖先起源的传说。《周书·突厥传》记载：

> 突厥者，盖匈奴之别种，姓阿史那氏。别为部落。后为邻国所破，尽灭其族。有一儿，年且十岁，兵人见其小，不忍杀之，乃刖其足，弃草泽中。有牝狼以肉饲之，及长，与狼合，遂有孕焉。彼王闻此儿尚在，重遣杀之。使者见狼在侧，并欲杀狼。狼遂逃于高昌国之北山。山有洞穴，穴内有平壤茂草，周回数百里，四面俱山。狼匿其中，遂生十男。十男长大，外托妻孕，其后各有一姓，阿史那即一也。子孙蕃育，渐至数百家。经数世，相与出穴，臣于茹茹。居金山之阳，为茹茹铁工。

传说突厥仅存的小男孩被砍了脚，被一只母狼养育，长大后与母狼交合，在山洞中生了十个男孩，这些男孩长大后跟外面的女性组成了十个家庭，其中一个就是突厥人的祖先阿史那氏。阿史那氏子女繁衍，从山洞出来后接受了茹茹（柔然）的统治，住在阿尔泰山南麓，成为柔然的铁工。

可是《周书·突厥传》里还有另外一种说法：

> 或云突厥之先出于索国，在匈奴之北。其部落大人曰阿谤步，兄弟十七人。其一曰伊质泥师都，狼所生也。谤步等性并愚痴，国遂被灭。泥师都既别感异气，能征召风雨。娶二妻，云是夏神、冬神之女也。一孕而生四男。其一变为白鸿；其一国于阿辅水、剑水之间，号为契骨；其一国于处折水；其一居践斯处折施山，即其大儿也。山上仍有阿谤步种类，并多寒露。大儿为出火温养之，咸得全济。遂共奉大儿为主，号为突厥，即纳都六设也。纳都六有十妻，所生子皆以母族为姓，阿史那是其小妻之子也。纳都六死，十母子内欲择立一人，乃相率于大树下，共为约曰，向树跳跃，能最高者，即推立之。阿史那子年幼而跳最高者，诸子遂奉以为主，号阿贤设。此说虽殊，然终狼种也。

其中最后阿史那子孙里有一人叫“阿贤设”，“阿贤”就是 Arslan，“设”即 šad，是古突厥的官名。Arslan šad 是突厥传说中比较早的重要祖先。写此传的人为了求得说法一致作了一个总结，“此说虽殊，然终狼种也”。其中很有意思的是，虽然第二种说法中只模糊地提到伊质泥师都“狼所生也”，但著书者仍将突厥民族的起源归结为“狼种”。

狼种或为狼乳育的故事，文献中最早见于乌孙。《史记 · 大宛列传》说：“是后天子数问骞大夏之属……匈奴攻杀其父，而昆莫生，弃于野。乌嗛肉蜚其上，狼往乳之。”《汉书 · 张骞传》也记：“天子数问骞大夏之属。……子昆莫新生，傅父布就翕侯抱亡置草中，为求食，还，见狼乳之，又乌衔肉翔其旁，以为神，遂持归匈奴，单于爱养之。”突厥的狼生传说，大概是突厥人自蒙古高原向阿尔泰地区蔓延过程中，与乌孙人的后裔人群结合后获得的。狼生传说在蒙古高原上流传了很久，以至于后来蒙古人的苍狼白鹿说中也许部分地源自这一传统。今天的中亚和土耳其常见狼图腾的描述，其实完全是从中国史籍中获得的知识，传统中亚并没有突厥为狼生的说法。

有意思的是，稍晚的唐代文献中还出现了另一种关于突厥起源的说法。据《酉阳杂俎》记载：

> 突厥之先曰射摩舍利海神，神在阿史德窟西。射摩有神异，又海神女每日暮以白鹿迎射摩入海，至明送出。经数十年。后部落将大猎，至夜中，海神女谓射摩曰：“明日猎时，尔上代所生之窟，当有金角白鹿出。尔若射中此鹿，毕形与吾来往；或射不中，即缘绝矣。”至明

入围，果所生窟中有金角白鹿起，射摩遣其左右固其围，将跳出围，遂杀之。射摩怒，遂手斩呵尔首领，仍誓之曰："自杀此之后，须人祭天。"即取呵尔部落子孙斩之以祭也。至今突厥以人祭纛，常取呵尔部落用之。射摩既斩呵尔，至暮还，海神女报射摩曰："尔手斩人，血气腥秽，因缘绝矣。"

《酉阳杂俎》记述的珍贵之处，在于记录了许多怪异之谈，有些是来自中亚的人讲述的。按这个说法，突厥人的祖先住在海边，跟海神有关系。但蒙古高原上没有海，这一说法可能源自于中亚。考虑到许多突厥传说都与伊塞克湖有关，这里的"海"可能指伊塞克湖。

可以肯定的是，突厥祖先起源传说本来很多，各不相同。今天称为"突厥"的群体，本来就是由历史传统各异的部落或政治集团组成的。在一个统治集团之内，统治人群的起源传说，会取代被统治者的起源传说。因此突厥认同的扩张，就意味着丰富多元的起源传说为单一起源传说所遮蔽、取代，绝大多数起源传说都会遗失，永不可知。今日所见多种关于突厥祖先起源的说法，都不过是历史过程中残留的碎片而已。

《酉阳杂俎》还有一条，说坚昆（唐代称"黠戛斯"，即今天的吉尔吉斯）部落非狼种，"其先所生之窟在曲漫山北，自谓上代有神与牸牛交于此窟。其人发黄，目绿，赤髭髯。

其髭髯俱黑者，汉将李陵及其兵众之胤也”。说坚昆是人和牛交合的产物。阿尔泰语系各人群喜欢以动物作人名，如骆驼、牛、羊、马等，大概与动物始祖的不同信仰有关。

突厥人皈依伊斯兰教之后，在伊斯兰知识体系内叙述突厥的来历，不仅是历史编纂学的问题，而且还是《古兰经》注释学的问题。

首先对突厥人来历给出描述的当然不是突厥人，而是阿拉伯人和波斯人。当然，他们的历史描述势必要符合中东传统及伊斯兰教的人类史观。而狼生传说即使存在（当然是可疑的），也无法与伊斯兰知识体系中的人类创生信仰相一致，因此不可能被吸纳。近东一神教传统中，人类都源自大洪水后诺亚的三个儿子：闪（Shem，Sam）、含（Ham）、雅弗（Japheth，Yafith）。这在《旧约》里记录得很清楚。犹太教、基督教和伊斯兰教都接受这一说法，因此突厥必定也是他们的后代。

在近东的创始信仰里，诺亚的三个儿子中，闪是阿拉伯人、犹太人等近东各族群的祖先；含是黑人的祖先；雅弗则生了半魔人歌革（Gog）和玛各（Magog）。到了 8 世纪，最早用阿拉伯语进行文学创作的波斯人伊本·穆卡法（ibn al-Muqaffa‘，724—759）说雅弗就是突厥人的祖先。这被后来的《古兰经》注释者们所接受，9 世纪和 10 世纪的波斯及阿拉伯学者都沿用了这个说法。其中最重要的就是著名历史学家，同时也是最重要的《古兰经》注释者之一的塔巴里（al-Tabari），他说："雅弗生了突厥人、斯拉夫人、歌革和玛各，没有一个好东西。"

10 世纪以后，随着伊斯兰世界里突厥人的地位明显提高，许多突厥人成为将军、大臣、王公甚至君主（比如，他们建立了伽色尼王朝和塞尔柱帝国），在历史叙述中，突厥人祖先雅弗的形象也跟着大大改善了。不仅在官方的经注和史书中，而且民间故事里雅弗的地位也得到了提升。12 世纪的《先知故事》（*Qisas al-anbiya*）里，诺亚一边诅咒他的儿子含只能成为黑人奴隶之父，一边预言闪的后代成为先知，雅弗的后代则会成为国王和英雄。这就是针对 12 世纪的塞尔柱帝国时代的政治现实。到了 15 世纪，突厥文学名家艾里希尔·纳瓦伊（Mir Ali Shir Nava'i）甚至说："历史学家都认为，因为雅弗戴着先知的帽子，所以他优越于两个哥哥。"这就把雅弗提到了先知的地位，这个文本是用突厥语写的。

17 世纪的重要史学家，希瓦汗国的阿布哈齐汗（Abu'l Ghazi Khan）以突厥语写道：

> 诺亚在二百五十岁的时候成了先知，接下来的七百年里他努力推广伊斯兰教，但不大成功，只有八十个人皈依。大洪水之后，他派含去印度，闪去伊朗，雅弗去北方。雅弗在乌拉尔和伏尔加河之间住了二百五十年。他有八个儿子，长子名 Turk，以"雅弗之子"（Yafith

Oghlani）闻名。Turk 迁至伊塞克湖一带，成为第一个制作帐篷的人。他的长子 Tutuk 继他为君，是个好君主，与伊朗的第一个王 Kayumars 同一时代。

Tutuk 被认为是从中文"都督"借入突厥语的名号，都督是我国南北朝及唐代常用的军队将领的称呼。阿布哈齐说 Tutuk 与伊朗传说的第一个王同一时代，这非常有意思，比如《三国史记》强调新罗国比高句丽早一些年建国。突厥人写突厥历史时，一定要比伊朗人建国的时间早。既然到 Tutuk 的时代伊朗才建立第一个王国，那么突厥人显然不比波斯人差。但阿布哈齐作为历史学家说话仍然很谨慎，他不敢说雅弗是先知，因为《古兰经》里没这个记载，所以他说"有些人说雅弗是先知，有些人说不是"。

更有意思的是，随着在伊朗高原建立帝国以及对波斯文化、语言了解越来越深刻，突厥人还把波斯传说中的英雄阿甫剌昔牙卜（Afrasiyab）也纳入自己的祖先名单中。可是现代研究者对突厥人何以选中阿甫剌昔牙卜作为自己的祖先感到疑惑，因为此人性格乖戾、狂暴，且最后为胡斯老所败，并非战无不胜的完美英雄。有学者认为，这也许是因为突厥人对阿甫剌昔牙卜传说仅是部分了解，且有些关于阿甫剌昔牙卜不够完美的故事是伊朗人后来添加出来的。但无论如何，征服了伊朗高原并在那里建立王朝的突厥人选了一个波斯英雄作为祖先，显然包含了实际政治的涵义。

成书于 11 世纪的《突厥语大词典》(*Dīwānu l-Luġat al-Turk*)是古代突厥语资料最重要的经典之一，作者是喀什噶里。其中 Türk 条解释道：这个名字是真主赐予的。先知穆罕默德说：真主说我有一个喜欢的（民族）称为“Türk”，把他们搁在东方，地位优崇，如果我对谁不满意，就派他们去惩罚，因为他们忠诚并富有美德。这条记述非常重要，因为把突厥的地位提到了很高的位置，与以前突厥人作为骚扰者和野蛮人的形象完全不一样，而是纳入伊斯兰体系里，变成真主赏善罚恶的工具，是真主愤怒的象征。按《突厥语大辞典》的说法，突厥是执行真主意志的。这给许多世纪以来突厥人对中亚、波斯高原乃至阿拉伯地区穆斯林社会所做的不好的一切，都带来了合法合理的解释。因为真主对说波斯语和阿拉伯语的穆斯林有了不满，他需要一个惩罚工具，而突厥就是他的惩罚工具。而且，他还需要突厥人给伊斯兰社会带来新的动力、纪律和勇气，更需要他们完成伊斯兰对非穆斯林世界的征服。

事实上，正是突厥人在征服事业上，达到了阿拉伯人都没有达到的巅峰，这就是奥斯曼苏丹对君士坦丁堡的征服。

塞尔柱帝国稳定自己的统治之后，原先收买边缘突厥部落以维持国防的模式难以维持下去，这些怀抱不满的部落经常在帝国边疆地区抢掠，反而成为塞尔柱帝国边防的不安定因素。为了把祸水别引，塞尔柱政权怂恿边缘突厥部落向西挺进，这就引发了突厥部落对安纳托利亚的侵入。这个过程，并非塞尔柱帝国的统一政治和军事行动，而是西进突厥各部落出于各自的利益所强力推动的扩张和掠夺。这些突厥联军在Manzikert战胜拜占庭军队后，拜占庭帝国的版图很快萎缩到仅据有小亚细亚的沿海地带。这场战役在拜占庭历史上极为重要，是造成拜占庭帝国失去安纳托利亚的最重要战役之一。中世纪军事史研究者认为，突厥人的这场胜利是轻骑兵的胜利，表明轻骑兵对步兵有很大的优势。波斯语和阿拉伯语中将塞尔柱人控制的安纳托利亚地区称为Rum，即“罗马”，进入安纳托利亚的突厥人，就被称为罗姆塞尔柱（Rum Selçuk），即在罗马的塞尔柱人。

13世纪上半叶的蒙古西征，特别是伊利汗国建立之后，罗姆塞尔柱的国家结构日趋散化，终于发展为安纳托利亚的Beylik（小君王）时代。Beylik时代诸侯林立，后来崛起的奥斯曼，本是其中的一个侯国。这个时期从中亚进入安纳托利亚的突厥人大约在一百五十万以上，使突厥人保持了相当大的人口规模。如果没有这样的人口规模，突厥人即使在政治上占优势，文化上也必然被本地希腊语社会所同化。相反，这一百五十万人使突厥人足够统治并同化安纳托利亚的大部分希腊语人口与地区。这种人口优势在政治优势的帮助下，又凭借了伊斯兰教的文化优势，最终使安纳托利亚实现了突厥化和伊斯兰化。

奥斯曼（Osman）部的崛起迅速开启了安纳托利亚统合于一的过程。经过两代苏丹奥斯曼（Osman,1258—1326）

和奥尔罕（Orhan,1285—1359）的扩张，不仅统一了安纳托利亚，还成功进入巴尔干地区，只剩下中间的孤岛君士坦丁堡尚未攻破。在贝亚兹德一世（Beyazid I,1389—1402）时期，帖木儿大帝的西征暂时阻缓了奥斯曼帝国成长的步伐，贝亚兹德一世本人被俘并受尽羞辱而死。但这些都无法阻挡奥斯曼的崛起。到苏丹穆罕默德二世（Fatih Sultan Mehmet II）时，奥斯曼成功征服君士坦丁堡。拜占庭帝国作为伊斯兰世界的最大敌人，其象征就是首都君士坦丁堡，因此征服君士坦丁堡被认为是伊斯兰征服史上的最高成就，穆罕默德二世苏丹获得了“征服者”（Fatih）的荣誉称号。到1580年苏莱曼大帝时期，奥斯曼帝国已经将地中海、黑海纳入版图。

在经历了奥斯曼帝国衰落和土耳其现代民族国家建立后，今天的土耳其面临着如何叙述自己历史的问题。先进与落后、传统与现代、世俗与宗教间的诸多矛盾，使土耳其的历史学界、政治界都面临很大的问题，尤其是宗教叙述的问题。

突厥史学家芬德利（Carter V. Findley）在《世界历史中的突厥人》（*The Turks in World History*）一书中指出，其实奥斯曼征服之后被称为Türk的人，既是征服者的后代，也是被征服者的后代。当时突厥人不过二三百万，而被征服的地区则有上千万人，所有这些人，都成了今天土耳其人的祖先。因此，今天的土耳其人更多是被征服者的后代。在讨论什么是突厥人（Türklük）议题的时候，他打了这样一个比方：

> 突厥是一辆自东向西穿越亚洲的大巴士。起点是于都斤山，终点是伊斯坦布尔。这是漫长的旅行，走过了很多地方，在每一个地方都会停靠。每一站，都有人带着行李上上下下。乘客中没人在乎这辆巴士的起点是哪里、终点在何方，大家不过是搭车走个短途。他们也从没想过他们与其他乘客间有什么联系。有时车出毛病了，停下来修修，路上能找到什么配件就用什么。经过很多年，当这辆巴士最终抵达伊斯坦布尔的时候，车上不大可能还有从起点站上车的乘客了。而且，这辆巴士本身，也不再是出发时的那个样子了。里里外外，都换成新配件了。但这辆车还被称为突厥，而乘客都自称突厥人。

历史就是这样，历史记忆不停地遗失，又不停地重建。

作为历史的狼祖传说

羊年的贺岁片《狼图腾》引起争议，焦点在狼是不是蒙古人的祖先和图腾。蒙古族作家郭雪波连续发表多条微博，怒斥《狼图腾》小说和电影胡编乱造："狼从来不是蒙古人图腾，蒙古所有文史中从未记载过狼为图腾！这是一汉族知青在草原只待三年，生生嫁祸蒙古人的伪文化！"他还说："狼是蒙古人生存天敌，狼并无团队精神，两窝狼死磕，狼贪婪自私冷酷残忍，宣扬狼精神是反人类法西斯思想。"蒙古族学者额鲁特·日·额尔登木图也撰文批评《狼图腾》，指出小说和电影中许多不符合蒙古族社会习惯、违反草原生活常识的描写，小说改名为《北京知青养狼记》才贴切，因为狼不会是草原社会的图腾，不过是《狼图腾》作者自己的图腾而已。

这些批评也激起一些反批评，主要是指出《蒙古秘史》开篇所记苍狼白鹿的历史叙述。《秘史》首节的明代总译是这样的："当初元朝人的祖，是天生一个苍色的狼，与一个惨白色的鹿相配了。"郭雪波反驳说，孛儿帖赤那（Börte Čino，旁译"苍色狼"）与豁埃马阑勒（Qo'ai Maral，旁译"惨白色鹿"）是人名，不是狼和鹿，正如姓马的祖先并非一匹马，叫龙的并不是一条龙。虽然这个理解在《秘史》研究者中绝非主流，但也值得重视。只不过，古代读书的人和听故事的人，不管懂不懂蒙古语，未必会在这个问题上很留意。正如研究希腊神话与古希腊社会生活关系的学者所说，对于古希腊人而言，"神话就是真实的历史"（Paul Veyne, *Les Grecs ont-ils cru à leurs mythes?* 英译本，芝加哥大学出版社，1988 年，第 59 页）。绝大多数中国古人在讲三皇和盘古（槃瓠）的时候，是不会抱着科学的怀疑主义态度的。顾颉刚猜测"大禹是一条虫"所引发的反感和嘲弄，从不同时代不同人群对历史叙述的不同敏感反应的角度去观察，就另有一种认识价值了。

蒙古族知识分子对《狼图腾》的激烈批评（必须说明，持批评立场的远远不止蒙古族，且批评者的侧重各不相同，我这里只涉及狼祖崇拜这一个问题），让我联想起一场（或多场）未见于历史记载但我确信发生过的同类型争吵。唐代前期，在长安的突厥贵族青年与唐人交往时，唐人会提到史书关于突厥人的始祖母是一头母狼的记载，而在长安长大并接受汉文化教育的突厥青年大概不会喜欢这个话题。要么否认这条记载的可靠性，要么给出另外的起源解释，总之这样的争论不会让已经熟悉汉文化的突厥青年感到愉快。而参与争论的唐人，由于深信唐朝官修史书《周书》（稍后流传更广的《北史》还加以转载），对突厥青年的回避和否认也一定大大不以为然。值得注意的是，那时唐朝上层社会的青年中还颇有一批人倾慕突厥的文化和生活方式（以唐太宗的太子李承乾为代表），对突厥的游牧社会投注了浪漫的想象和向往（比如承乾太子就梦想着到突厥去当个将军），他们不会觉得以狼为祖的历史追溯有什么不妥。当他们以羡慕和赞赏的语气说起突厥的狼祖故事时，他们怎么也无法理解突厥青年所感受到的羞辱和愤怒。

《周书·突厥传》记有两个不同的突厥起源故事，都涉及狼祖先。一个是这样的：突厥汗族阿史那氏的祖先部落遭到邻国血洗，只剩一个十来岁的小男孩，虽然邻国士兵起了恻隐之心不忍杀害，还是砍了他的双脚，弃于草泽。一只母狼衔肉来给男孩吃，救了他的性命，他长大就和母狼交合，使母狼怀孕。尽管他最终还是被邻国国王派人给杀掉了，但母狼幸得逃至高昌北边的山里（阿尔泰山？），生下了十个男孩，其中之一就是阿史那。大概由于细节比较生动，这个故事对后世读者的影响最深。《周书》又用“或云”的方式，在母狼传说之外记下了另一个起源故事，根据这个故事，突厥的祖先阿谤步出于匈奴以北的索国，有十七个孩子，“其一曰伊质泥师都，狼所生也”，伊质泥师都“别感异气，能征召风雨。娶二妻，云是夏神、冬神之女也”，阿史那就是伊质泥师都的孙子。阿史那的儿子被立为阿贤设（可还原为Aslan Šad），遂开创其后突厥的历史。《周书》在记载了不同的起源传说后，总结了一句："此说虽殊，然终狼种也。"很显然编纂《周书》的史臣们遇到过史料选择的困难。突厥起源竟有多种说法，难以确定何者为正，史臣们只好把两个说法都记下来，好在两个说法中都有狼生的因素，可以笼统地确定突厥"终狼种也"。

《周书》的处理方式显示出唐初史臣某种值得表扬的谨慎，但还不能据此就认定他们见到的突厥起源传说只有这两种，也就是说，不能假定他们没有排除掉其他的说法，特别是与狼生无关、不足以证成突厥为狼种的那些说法。《酉阳杂俎》有一条就是与狼绝不相干，称"突厥之先曰射摩舍利海神"，还记有射摩舍利与一位海神女交往的经历。这种海神故事似乎与突厥向中亚发展的历史有关，而类似的起源故事也许还有多种，经过史臣拣选淘汰，就只剩下两种与狼生有关的说法进入了正史。研究者认为，多种起源传说的并存，说明突厥帝国的多元构成。换一个说法，起源传说的丰富多样，说明突厥帝国还没有完成对历史叙述的整理，还没有使某些记忆沉寂下去直至遗忘。《酉阳杂俎》还有一条说"坚昆部落非狼种"，似乎是强调黠戛斯的历史起源不同于突厥，可见唐人已经有"突厥为狼种"的基本认识了。也许就是因此，《周书》这样解释突厥人在旗杆顶端置金狼头以及侍卫被称为"附离"（böri，狼）的原因："盖本狼生，志不忘旧。"

这一史料要想在现代历史学里确立其历史真实性，还要经受一番现代史学方法与观念的审视。首先我们不能认为唐朝史臣所记录的突厥起源，与突厥汗国官方的历史叙述是一致的。现在已无法确知古代王朝如何获取和整理有关域外的史地知识，估计总是以各类使者的出使报告为基础的，当然也有对域外来使的采访所得。不过，这些知识得自中间人的必定居多。所谓中间人，在中古时期主要是粟特人。突厥人自己也有同样的说法吗？突厥人也会讲述狼祖故事吗？迄今所见突厥汗国方面的文字史料，无论是突厥文还是粟特文，都没有提到狼生起源。第一汗国的粟特文布古特（Bugut）碑，第二汗国的鄂尔浑突厥文三大碑，都叙及汗国历史，但一点也没有提起狼祖传说，不能不让人起疑。一些学者开始质疑《周书》里的狼生故事，怀疑狼生传说是一种外界的而非突厥自己的认知。著名突厥学家克劳森（Sir Gerard Clauson）1964 年发表了一篇《突厥与狼》，怀疑把突厥说成狼的后裔是中国人的编造，目的是贬低和侮辱突厥人。这种将信将疑的局面在布古特碑发现后有了转变。前不久刚刚去世的著名突厥学家克里雅什托尔内（S. G. Kljastornyj）在 1971 年发表了有关布古特碑的报告，认定布古特碑残破的碑首刻的是一只母狼哺育小儿的形象，这使得对突厥狼祖传说颇有怀疑的学者也顿时沉默了。

然而争议还远远没有结束。嗣后这么多年来，有机会近距离观察布古特碑的学者越来越多，对碑首“狼乳小儿”

布古特碑，1959 年由蒙古国考古学家发现，1971 年由俄罗斯突厥学家色利亚什托尔内等人研究发表，该报告的英文版于 1972 年发表，开始受到广泛关注

主题的怀疑开始出现。我自己于 2006 年夏天参加一个考察队在蒙古中西部考察，曾到达著名的花园城市车车尔勒格（Tsetserleg），观摩收藏在后杭爱省博物馆的布古特碑。如果不是有母狼乳儿的先入之见，说实话现场感觉难以看得那么清楚。不过，我在一个月后代表考察队所写的考察日志里，不敢表达这种疑惑，仍然写道："蒙蒙细雨中，碑身和龟趺都有一点黯淡的赭红色，碑顶部母狼以乳哺幼儿的雕像，虽然残缺有三分之一强，但还是那样鲜明。龟趺是中国式的，但模仿的意味很重，在似与不似之间。"这个"似与不似之间"其实也是我对整个碑首雕像的印象。回国后很长时间，我经常看我们从各个角度拍摄的照片，越来越怀疑母狼释读的可靠性。

有这种怀疑的人显然还不少。2011 年 3 月迈克尔 · 德罗普（Michael Drompp）在美国东方学会年会上发表会长致辞，题为《内亚独狼》（The Lone Wolf in Inner Asia），对布古特碑首的雕像进行细致的分析，他并不怀疑狼雕像，但他否定了狼身下的小儿，因此碑首的雕像是对中国式碑刻形式的模仿，只不过用狼替代了龙形的六螭而已。德罗普的这个质疑还比较慎重，但他指出碑首是对中国碑刻似是而非的模仿，这一点是很重要的。2012 年初冬我在纽约大学的古代世界研究所（ISAW）与著有《突厥在中亚：考古与历史研究》的泽伦 · 施塔克（Sören Stark）聊天，说到布古特碑的性质与所谓母狼主题的问题，他并不赞成母狼说，他认为那只是龙（六螭），但因为粟特人不善于处理石头材料，对中国碑刻的形式和技艺又不熟悉，所以碑首龙不像龙，碑趺龟不像龟。——我说这些，当然不是想证明现在已经有足够的理由否定母狼雕像，事实上证据还很不充分。2013 年夏天我在土耳其和参与土蒙两国联合调查古突厥遗迹项目的坚吉兹·阿伊尔马兹（Cengiz Alyilmaz）再一次谈起布古特碑，他依旧坚信那是母狼哺育小儿的雕像。2014 年夏我和同事在吉尔吉斯斯坦的布拉纳（Burana）访问八剌沙衮（Balasagun）古城遗址，见到陈列室里的唐碑碑首残件，那种雕刻风格让我一再联想起布古特碑。

突厥人是否称自己为狼种？这是一个值得思考的问题。《旧唐书·突厥传》记录突厥毗伽可汗对唐朝使者袁振所说的话，有“吐蕃狗种”，是贬斥吐蕃的话。游牧文化并不贱狗，恰恰相反，狗是人类最亲密的朋友，所以成吉思汗最勇猛的四员战将被称为“四狗”。可是“狗种”的说法就不一样了，是以狗为祖宗，所以在毗伽可汗心目中就具有了低贱的性质。中国史籍中称犬戎、槃瓠之类为狗种，既含有前古典人类学的分类意义，又多少含有贬斥和轻蔑，是一种蔑称。在这个意义上，很难想象突厥人会自称狼种。但是，草原上可能很早就流传着狼生故事了。《北史·高车传》叙高车起源，就讲了匈奴单于的小女儿与狼为妻产子“滋繁成国”的故事，曲折生动，既解释了高车何以在语言和文化上与匈奴接近，且被称为匈奴的外甥（匈奴单于女儿所生），又解释了为什么高车人会有类似后世蒙古长调那样的音乐形式（“其人好引声长歌，又似狼嗥”）。多有研究者据此认定，狼生传说深植于突厥语各人群的历史记忆之中。

突厥与高车的狼生故事并不见于其他突厥语人群，特别是不见于这些人群自己的历史叙述。出于高车的回鹘（回纥）与唐朝关系最深，却不见这类记录。有学者举出阿尔泰系各人群中部族、官称、地名或人名多有以“狼”（čino，böri 等）为名者，以论证狼祖传说在阿尔泰文化中的普遍性。其实以动物入专名，是人类各文化的普遍现象，和狼祖传说没有直接关联。也有人举成书于 13 或 14 世纪的察合台文《乌古斯可汗传说》（*Oghuz-nāme*）中灰狼引领乌古斯可汗出征的例子，说明狼在维吾尔等突厥语族群中的重要性。可是作为向导的狼，与作为祖先的狼，完全不在一个价值平台上。狼作为向导引导英雄走出困境，是草原文学一个很重要的叙事母题。《魏书 · 穆崇传》记穆崇遭困，遇白狼引领得救，道武帝“命崇立祀，子孙世奉焉”。穆崇家族世祀白狼，会不会被不知原委的人另作解释呢？有意思的是，这个母题还影响到中国北方。《宋书 · 王懿传》记王懿（仲德）从北方南逃时，遇洪水阻路，“有一白狼至前，仰天而号，号讫衔仲德衣，因渡水”，王仲德由此得救。这像是王仲德到江左以后自己所讲的故事，很可能他借用了当时北方人已比较熟悉的白狼引导英雄脱困的草原母题。

研究者早就注意到突厥狼祖传说与乌孙王昆莫被母狼乳

青铜雕塑 Capitoline Wolf（意大利语作 Lupa Capitolina），描述罗慕洛兄弟得到母狼的乳养。最新研究认为该雕塑是 13 世纪的作品

养的故事颇为相像。《史记·大宛列传》记张骞叙昆莫之父所在的小国为匈奴所灭，婴儿期的昆莫被丢弃在野外，“乌嗛肉蜚其上，狼往乳之。(匈奴)单于怪以为神，而收长之”。昆莫长大后率旧民复国，即乌孙国。张骞大概是在西行途中听说这个建国故事的，当然不一定是乌孙国自己的官方叙述。与突厥狼祖传说不同的是，昆莫受狼乳养之后，并没有和狼交合，乌孙王族的祖先里面并没有一只母狼。不过，在古代草原游牧社会里，生与养是同等重要的。既然接受母狼乳养而得成长，那么认狼为母亦可谓顺理成章，尽管有一点小小的跳跃。这种跳跃是文化传播(神话母题从一个社会向另一个社会流动)过程中常常会发生的变异。从这个认识出发，我认为突厥和高车的狼祖传说并非自突厥语诸部族自身文化传统中生发出来，其原型母题是西域地区乌孙和其他印欧语社会古老的部族英雄得到母狼乳养的传说，这一起源母题的背后，正是古印欧语(Proto-Indo-European)各人群所共享的古老的“神话—传说”传统。

印欧语系各人群中母狼乳养英雄母题最著名的传说，就是罗马缔造者孪生兄弟罗慕洛(Romulus)和瑞穆斯(Remus)被弃于野外时被母狼乳养的故事。这个故事随着罗马城、罗马共和国及罗马帝国的辉煌成长，向北非和近东弥散，成为重要的艺术题材。加州大学伯克利分校的圭蒂·阿扎尔帕伊(Guitty Azarpay)有一篇文章《近东艺术中的罗马孪生兄弟》(发表在 *Iranica Antiqua* 第 23 卷，1988

年），列举了大量有趣的例证。这个母题还出现在中亚 7 世纪粟特地区的东曹国（苏对沙那，Ustrushana）地区的一个壁画里，根据这个壁画所完成的大型雕塑成为现在塔吉克斯坦展示历史文化传统的重要作品。

2013 年去世的德国近东考古学家布尔夏德 · 布伦特耶斯（Burchard Brentjes）有一篇《苏对沙那君长的艺术与宗教》（刊于三卷本论文集 *Orientalia Iosephi Tucci memoriae dicata* 的第一册，1985 年），有最为集中的描述和分析。不过对于东西方印欧语人群来说，这个故事母题的起点并不是罗慕洛兄弟，应该还有更深远的渊源。古波斯有关祆教创教人琐罗亚斯德（Zoroaster）幼儿期传说中，有他先得牛马庇护，再得母狼喂养的故事。不过由于狼在祆教教义中属于恶魔之兽，祆教徒把这个故事略加改造，说母狼把琐罗亚斯德接纳进狼窝以后，专门去抓了一只母羊来喂养他，可参看马里 · 博伊斯（Mary Boyce）《早期祆教史》（*A History of Zoroastrianism: The Early Period*, 1975 年，第 279 页）。东方之外，古日耳曼人群中也有很多同类型的传说，比如条顿英雄齐格弗里德（Siegfried），传说他母亲在生下他之后就去世了，他靠着一只母狼的乳养才得生存。在这个专题上，金 · 麦科恩（Kim McCone）《印欧语系的狗、狼和武士》一文进行了全面探索（载于 W. Meid 主编的 *Studien zum indogermanischen Wortschatz*, 1987 年，第 101—154 页）。

乌孙王昆莫受母狼乳养的传说就属于印欧语古文化传

统的一部分。这一故事母题向中古突厥语各部族（突厥与高车）的传播，其实是突厥语自身从蒙古高原向西发展的结果。对于突厥语早期的西向扩张，我有一个假想，就是“突厥汗国之前的突厥化”，指的是从公元前 2 世纪至公元 6 世纪，大致上就是匈奴帝国崛起至柔然帝国覆灭这个时段内。匈奴以单于家族为核心的统治集团在进入漠北建立帝国统治之前，是说某种伊朗语还是说某种突厥语或蒙古语，我们这里不加讨论。正如亦邻真先生所指出的，进入漠北之后的匈奴势必经历突厥化过程。柔然的统治部族虽然说某种古代蒙古语，帝国的基础和主要力量却是突厥语各部族。因此，匈奴和柔然帝国时期，突厥语人口向西深入扩张，统治并同化了西部草原地带原伊朗语各部族，我称之为早期突厥化过程。即使在两个帝国之间的无帝国时期，这个过程也在持续进行中。这一过程的历史成果，就是最终推翻柔然帝国的，竟是从原伊朗语地带崛起的突厥部族，以及西突厥汗国能够动员足够的人力物力实现对中亚的持久统治。原伊朗语人口被卷入突厥语世界，古印欧语人群的许多文化因素也随之进入突厥语社会。我认为母狼乳养英雄这一母题就是这样进入某些突厥语部族的，这才引发了由乳养向狼生叙事类型的转变。

而在成吉思汗的蒙古帝国崛起之前，蒙古草原上也有一个缓慢而长期的蒙古化过程，也就是相当多的突厥语人口逐渐融入蒙古语部族。这个过程中，狼祖和狼生的母题也被吸

塔吉克斯坦据东曹国壁画所做的巨型雕刻

收进某些蒙古语社会的起源传说中。余大钧先生说："成吉思汗远祖原为山林狩猎人，后来走出山林西迁到草原上转变为草原游牧人，因此既继承了狩猎人祖先母系氏族时代的鹿图腾观念鹿祖母传说，又继承了草原游牧民的狼图腾观念狼祖传说，这样就形成了《秘史》开卷所载的成吉思汗祖先为苍狼、白鹿的传说。"这一解读代表了蒙古学家比较共同的认识。其实《蒙古秘史》并没有标明孛儿帖赤那与豁埃马阑勒的性别，现代学者的这种理解显然是凭借了大多数社会里先父后母的表达习惯，只是这未必符合该起源传说的本意。世界范围内的起源神话往往有某种特意的模糊，孛儿帖赤那与豁埃马阑勒就是这种类型的模糊先祖，不应该按照现实中的雌雄原则去探讨他们的结合细节。

母狼乳养英雄这一故事母题中的母狼，早已超越了现实生活中对人类社会构成威胁的那些狼，而具有某种神性和天意。因此，起源传说中的狼，不可以与游牧生活中威胁羊群的狼画等号。崇祀狼祖的游牧人，出门就会毫不犹豫地杀死尾随他的畜群的那些野狼。生活中的狼，从来就不是人类的朋友。突厥语和蒙古语典籍中，多有以狼骂人的话，骂者绝不会认为这是对传说先祖的冒犯。《魏书 · 官氏志》记代人姓氏改革，"叱奴氏，后改为狼氏"。叱奴，即《秘史》之"赤那"（čino）。我认为，《魏书》这条记事很可能是有讹字的，改为"狼"虽然保存了原姓的字面意义，却与汉文传统有一定的不合，所以我猜这里其实是改为"郎"氏。清代满人八大姓中有钮钴禄，钮钴禄（Niohuru）即满语之狼，后改为郎氏，便是同一个道理。当然，叱奴也好，钮钴禄也好，尽管可能出自他们的部族称号，但丝毫不意味着这些部族曾经以狼为图腾，更不意味着这些部族会有狼祖起源的历史记忆。

跨语言跨文化的起源母题传播，在汉语社会中也有很多例证，槃瓠（盘古）传说就是最著名的一例。而母狼乳养英雄这一母题从印欧语人群进入阿尔泰语人群之后，也慢慢进入了汉语社会。华夏传统从没有母狼乳养某位先祖的故事类型，先秦时代只有“南蛮起源”的楚国有人接受过雌虎的乳养。《左传》宣公四年记楚国的子文初生时被弃于云梦泽，“虎乳之”。华夏（汉）社会里接受狼乳的先祖故事出现得很晚。今甘肃庆阳市庆城县有“狼乳沟”，说是周先祖后稷被母狼哺育的地方。《庆阳县志》狼乳沟条下，引《太平寰宇记》云：“陕右庆阳府有狼乳沟，乃稷弃于野，狼乳之地，后人遂以名沟。”《太平寰宇记》其实没有这一条。后稷传说最早见于《诗经 · 大雅 · 生民》和《史记 · 周本纪》，但都没有说后稷得到母狼乳养的事。《诗经》称“弃之陋巷，牛羊腓字之”，《史记》不提牛羊乳养。《艺文类聚》卷十引《史记》，则称“弃之陋巷，牛羊乳之”。但毕竟都不曾提及母狼乳养。把庆阳狼乳沟与后稷联系起来的文献证据，我能查到的最早出自《明一统志》卷三二：“狼乳沟，在邠州南二里，世传即后稷弃而狼乳之地。”顾祖禹在《读史方舆纪要》中转载了这一说法，遂造成更大影响。可见母狼乳养母题引入后稷故事里，当在宋元间。

狼祖传说作为一种文化现象，并不会自动出现在任何与狼有密切接触的人类社会里。有人倾向于认为狼祖故事证明游牧社会与狼有着更加深切的历史联系，在我看来就是没有看到这类故事母题对于游牧文化来说，也是一个舶来品。我想，这类古老母题的跨文化跨语言流动，真是在在显明了历史本身的丰富与生动。

北魏常山公主事迹杂缀

温子升《常山公主碑》

《艺文类聚》卷一六有温子升《常山公主碑》[1]，显然不是全文，只是节选文学性较强的句子，没有收入那些介绍个人身世的文句。这就意味着，现存碑文不仅不能反映原文的全貌，而且现存部分也不是原文中一个完整的部分，文句间原有的表达个人信息的句子已为编选者删落。这种残碎的情况，对现代研究者来说当然是极大的遗憾，不过即使这一点点的孑遗，也是中古文献的吉光片羽，弥足珍贵。《艺文类聚》储宫部公主门碑文中，只选了温子升这一篇，可见在写公主的碑文中，编选者认定此文最为出色。一篇足以成为范文的碑文，怎样表彰公主的人生与品德呢？

现存碑文一开始就说："启泰微之层构，辟阊阖之重扉，据天下以为家，苞率土而光宅。"碑文开端本应是名讳、郡望和家世，已被删节，现存的是介绍公主家族背景的部分，以华丽的笔调歌颂拓跋鲜卑对华北的征服，以及北魏王朝的建立。接下来要说到常山公主高贵的出生，“然则昆山西跱，爰有夜光，汉水东流，是生明月”，芝兰玉树，生在皇家。公主的出身背景，本是碑志类文字的高光时刻，显然关于出生和家世这一部分都已删节，只剩下这几句“比兴”的话。那么公主的个人品质、性情和修养如何呢？碑文说：

> 公主稟灵宸极，资和天地，芬芳有性，温润成质。自然祕远，若上元之隔绛河；直置清高，类姮娥之依桂树。令淑之至，比光明于宵烛；幽闲之盛，匹秾华于桃李。托体宫闱，而执心撝顺；婉然左辟，率礼如宾。

如此淑德，当然应有良配，于是便说到出嫁：“举华烛以宵征，动鸣佩而晨去。致肃雍于车乘，成好合于琴瑟。”良人是谁，夫家如何，以及公主在婚后的表现等，也应是碑志叙述的重点所在，可惜都被删掉了。甚至丈夫去世这么重大的人生变故，现存碑文也没有提及，而是忽然就叙及公主守寡的生活：“立行洁于清冰，抗志高于黄鹄，停轮表信，阖门示礼，终能成其子姓，贻厥孙谋。”表彰公主不改嫁，支撑门户，使夫家后继有人。“而钟漏相催，日夜不息，川有急流，风无静树。奄辞身世，从宓妃与伊洛；遽捐馆舍，追帝子于潇湘。”这是讲公主去世，但去世和下葬的时间、地点，俱已删略不存。所存铭辞部分，也省略了家世和品行方面的美词，只剩下铭辞末尾描述死亡、安葬及坟垅的句子：

> 龙辔莫援，日车遂往，奄离形神，忽归丘壤。祖歌薤露，出奏巫山，永厝中野，终掩穷泉。萧瑟神道，荒凉墓田，松槚徒列，琬琰空传。

《北史》称温子升“博览百家，文章清婉”，他年轻时到广阳王元渊家当一个“贱客”，屈身于马坊教“诸奴子”写字。[2]这期间作《侯山祠堂碑文》，为名士常景所激赏，元渊才晓得他是个才子。东魏末年，高澄怀疑他参与了某起未遂政变，决意杀他，但还是等到他完成《神武碑》（即高欢碑）之后，才把他关起来活活饿死。温子升沉浮人生的两端都与碑文制作有关，可见他擅长碑文，是当时北方文坛上屈指可数的高手。可惜温子升的作品存世很少，其中没有一篇完整的碑文，以篇幅而论，《常山公主碑》已经算是保存较多的了。如果《常山公主碑》全文得以幸存，不仅有关常山公主的信息必定丰富得多，我们对温子升的文学成就也可以有更多切实的了解。

常山公主与陆昕之

常山公主的信息主要见于《魏书》卷四〇陆氏列传中的《陆昕之传》[3]。传称陆昕之“尚显祖女常山公主，拜驸马都尉”。可见常山公主是北魏献文帝的女儿。从《魏书》记高阳王元雍称她为“常山妹”来看，常山公主应该比元雍年轻，从而可知她是孝文帝的妹妹。她下嫁给陆昕之的时间已无可考，但可以肯定的是这是她的第一次也是唯一一次婚姻。

在太和二十年（496）正月孝文帝主持代人姓氏改革之前，陆氏还是步六孤氏。也就是说，当常山公主出嫁时，她的夫家还不姓陆，而是姓步六孤。步六孤，我认为就是 Bilge, 据说本意是智慧，但这个词早已演化为内亚阿尔泰语系（Altaic）各人群常见的官号、人名或部落名。按照代北传统，出于 Bilge 部的就以 Bilge 为姓，汉语音译就写作步六孤，当然这个词还有其他多种音译形式。据《南齐书 · 魏虏传》，陆昕之的叔父陆叡的鲜卑语本名是伏鹿孤贺鹿浑[4]，伏鹿孤即步六孤，是陆叡的姓氏，贺鹿浑则是陆叡的名字，我猜贺鹿浑与库傉官、骨利干等一样，都是 Küliqan 的汉语音译形式，与高欢的本名贺六浑是同一个词。这样的姓名与华夏传统差异太大，难怪陆叡的岳父博陵崔鉴感叹道：“平原王（陆叡）才度不恶，但恨其姓名殊为重复。”[5] 北魏中后期，名字的汉化要早于姓氏[6]，而宗室大臣的汉名通常来自孝文帝的赐名[7]。很可能陆叡的汉名叡也是得孝文帝所赐。姓氏改革时，从“步六孤”中提取中间的音节，改写为华夏已有的“陆”氏。这之后，“殊为重复”的伏鹿孤贺鹿浑（Bilge Küliqan）就一变而为华夏气息浓郁的陆叡了。大概崔鉴是乐于见到这个变化的，但从改姓氏当年年底陆叡的政治选择来看，他本人未必喜欢他的华夏式姓名。

常山公主的丈夫陆昕之是陆定国之子，陆定国是陆丽之子，而陆丽正是陆氏得以从北魏众多勋贵家族中脱颖而出的关键人物。在陆丽之前，陆氏并没有出什么高官显贵，他父亲陆俟的王爵也是在陆丽贵宠以后追赠的。452 年 3 月太武帝死，南安王拓跋余继位，但在位才七个月多一点，即被中常侍宗爱所杀。宗爱本是奉立拓跋余的主要功臣，怎么他反而要杀掉本应对他很感激的新皇帝，这还是一个谜。《魏书》说拓跋余“疑爱将谋变，夺其权，爱怒，因余祭庙，夜杀余”[8]。很可能拓跋余企图摆脱权臣的控制，威胁到了宗爱，为宗爱所杀，由此引发皇位继承问题的重大危机。时任南部尚书的陆丽是拥立高宗文成帝的主要人物之一。据《魏书 · 源贺传》，文成帝被陆丽抱在怀里共骑一马，从苑中单骑直驱入宫即位[9]，可想而知此后文成帝对陆丽是何等的感激与信任。《魏书 · 陆丽传》称他“由是受心膂之任，在朝者无出其右”，是文成帝时期的第一贵臣。[10] 在文成帝南巡碑碑阴随驾官员题名里，陆丽排在第一位 ：“侍中抚军大将军太子太傅司徒公平原王步六孤伊”[11]，最末一字损泐不可辨识，应该是“利”或“丽”，伊利或伊丽，即 El/Il，是阿尔泰世界极为常见的人名，这也就是后来陆丽一名的“源代码”。可知陆丽的本名应该是 Bilge El 或 Bilge Il。

陆丽的显贵大大提升了陆氏家族的地位。陆丽之子陆定国也得到文成帝宠爱，“诏养宫内，至于游止常与显祖同处”[12]，和太子一起游玩憩息，六岁就当上了中庶子。文成帝死后，陆丽在宫廷动荡中被杀，但凭着继立的献文帝与陆定国之间自幼培养的感情，陆氏家族的地位丝毫不坠。陆定国虽把父亲的抚军大将军与平原王王爵让给年幼的弟弟陆叡继承，但他“迁侍中、仪曹尚书，转殿中尚书”，也都是皇帝身边的要害职务。“前后大驾征巡，每擢为行台录都曹事。超迁司空”[13]，封东郡王，俨然是献文帝的超级心腹。可是，在献文帝与冯太后关系紧张的阶段，处在其间的宠臣们可能都遭遇过一个困难期，难以保持和两个主子同等的亲密度。《魏书·陆定国传》说“定国恃恩，不修法度，延兴五年，坐事免官爵为兵”[14]，很可能与他在太后与皇帝之间的立场或态度有关，使得献文帝对他起了疑心或不满，予以“免官爵为兵”的惩罚。不久献文帝暴死，陆定国得以恢复官爵。冯太后对陆定国、陆叡兄弟比较亲近，原因可能也就在此。兄弟二人娶妻，婚姻对象都是中原旧族，看起来像是冯太后的安排。陆定国死于太和八年（484），其子陆昕之不久得尚公主，这门亲事应该也是冯太后决定的。

据《魏书·陆昕之传》，陆定国前后娶了两个妻子，第一个是河东柳氏，生子安保；第二个是范阳卢氏，乃卢度世之女，生子昕之。两个妻子家世都有来历，没有地位上的妻妾差别，因而她们所生的两个儿子也没有嫡庶之别。陆定国死后，谁来继承东郡王的爵位呢？于是发生了北魏中后期相当常见的袭爵之争。这种纠纷最终要由朝廷来判决，而尚书仆射李冲的意见起了决定性作用，陆昕之得以袭爵。李冲之所以偏袒陆昕之，是因为陆昕之的母亲是卢度世的女儿，而李冲与卢度世之子卢渊“特相友善”，为子李延寔娶卢渊之女，两家“结为婚姻”，关系不同寻常。陆昕之靠了李冲这层关系，得以胜过其兄陆安保而袭爵。陆昕之王爵加身，随后又尚常山公主，固然与冯太后感念其父有关，但背后起作用的应该都是和冯太后有特殊关系的李冲。

袭爵与否，对陆安保和陆昕之兄弟二人以后的人生走向极为关键。《魏书》说“昕之由是承爵尚主，职位赫弈”，而异母兄陆安保因为失去了袭爵机会，竟然从此“沉废贫贱，不免饥寒”。[15] 当时袭爵之争那么普遍，从陆昕之兄弟的事例看，这种纠纷的确具有实际意义。当然，以陆氏之显赫尊贵，纵然不得袭爵，照说也不至于沦为贫贱饥寒，大概袭爵之争伤了兄弟感情，陆昕之后来未曾照顾兄长（再看不到兄弟两家之间有任何联系）。不过更重要的原因可能是陆氏人物在太后末年及宣武帝初期两次卷入谋反大案，整个家族遭受严酷打击，嗣后陆安保又得不到足够的救助，竟至于“沉废贫贱，不免饥寒”，与兄弟陆昕之形成了巨大反差。

据《魏书》，陆昕之“风望端雅”，“容貌柔谨”，孝文帝似乎很喜欢这个妹夫，“特垂昵眷”。据《金石萃编》卷二七所录孝文帝吊比干碑碑阴题名，太和十八年（494）跟随孝文帝从洛阳到邺城的侍臣中，有“散骑侍郎东郡公臣陆昕”[16]，这个陆昕，就是陆昕之，这时他也就二十来岁。在太和十六年改降五等之后，他的爵位东郡王已“例降”为东郡公。太和十八年时陆氏还是步六孤氏，但这个碑是五年后担任河内太守的陆琇所立，他把宗室的拓跋氏和自家的步六孤氏都按照改姓后的新姓氏来刻写，其他诸人则一仍其旧，所以出现了某种奇怪的不一致[17]。

太和二十年年底（497 年年初）陆叡和穆泰在平城策划针对孝文帝的政变，失败后陆叡的妻儿们都流放到辽西，陆氏宗支不免都受一定牵连（如从弟陆琇就因此被免官），但看起来似乎对陆昕之影响不大（或受影响的时间不太长），大概就是沾了驸马爷这个身份的光。但是当景明二年（501）夏发生咸阳王元禧谋反的重大变故时，在河内太守任上的陆琇涉嫌知情甚至参与。于是陆氏遭受五年之内的第二次打击，曾经豪贵一时的陆氏就此跌出顶级高门的序列。这次陆昕之也躲不过去了，被免官。不过很快“以主婿”复出为官，“除通直散骑常侍，未几，迁司徒司马”，获得机会，外出担任州刺史。《魏书》说他“世宗时，年未四十，频抚三蕃，当世以此荣之”[18]。所谓“频抚三蕃”，是指连续担任三个州的州刺史，这三个州是兖州、青州和相州。永平四年（511）夏，陆昕之死于相州任上，死时可能还不到四十岁。这就使得常山公主一下子进入中年丧夫的困境。

常山公主与陆子彰

常山公主在陆家，号称“奉姑有孝称”，姑，就是陆昕之的母亲卢氏，即卢度世的女儿，卢渊的姐妹。可是卢氏不久也去世了。《魏书》说：“昕之卒后，母卢悼念过哀，未几而亡。”这之后就只有常山公主支撑门户了。公主育有三个女儿，没有儿子。《魏书》称赞公主“性不妒忌”，为了生儿子，曾主动为陆昕之纳妾，可也都是生女不生男。温子升《常山公主碑》赞美她忠诚夫家，不曾改嫁，所谓“立行洁于清冰，抗志高于黄鹄，停轮表信，阖门示礼”。陈留公主从刘氏改嫁王肃，以及在王肃死后几乎再次改嫁，就因为她没有生子。即便生有女儿，但如果没有子嗣，也可能改嫁。中山王元英的女儿、元澄的妹妹元纯陀，先嫁穆氏，生有一个女儿，夫死之后，改嫁邢峦，但与邢峦无儿无女，所以在邢峦死后她又投靠自己的女儿和外孙，见元纯陀墓志。陆昕之死后，没有生子的常山公主改嫁他人的可能性是存在的，所以温子升碑文的称颂也不全是虚美之辞。但她留在陆家，撑起了门户。碑文说“终能成其子姓，贻厥孙谋”，是指常山公主过继了陆昕之的从兄陆希道的第四子陆子彰，使陆昕之有后，也使自己老年有个依靠。

《魏书·陆子彰传》说他“年十六出后”，出后就是过继给陆昕之。陆子彰死于东魏孝静帝武定八年（550），年五十四，知他生在孝文帝太和二十一年（497），十六岁是宣武帝延昌元年（512）。可见常山公主是在陆昕之去世的第二年，就把陆子彰过继过来了。陆希道是陆叡的长子，太和十八年以员外散骑侍郎随侍孝文帝东巡邺城，见于吊比干碑碑阴题名，但《金石萃编》把他的名字误写为“陆怖道”。两年后陆叡谋叛被杀，陆希道和母亲、弟弟们一起，被流放到辽西边镇当兵，被赦免后才返回洛阳，“从征自效”，慢慢建功立业，部分地恢复了家族地位。他共有六个儿子，陆子彰是老四，本名士沈，可能在过继后就改名子彰。子彰字明远，名、字意义相应，说明这个字也是过继之后新取的，原来的名、字都已经放弃了。

陆希道同意把儿子过继到常山公主家，可能最大的动力是指望儿子能继承陆昕之的东郡公爵位。然而陆子彰袭爵似乎遇到了很大问题，一直到十来年之后的孝明帝正光年间（520—524），才得袭爵。由于没有爵位，政治上也很难获得一个像样的出身，因此在袭爵之前，陆子彰竟然一直没有出仕。没有史料解释陆子彰袭爵何以如此迟缓，但北魏后期与袭爵有关的纠纷相当普遍，可以推测陆子彰也可能遇到了行政手续或法律条文方面的麻烦。而他在正光年间竟得以袭爵，却可能是胡太后干预的结果。

《魏书》说常山公主“神龟初，与穆氏顿丘长公主并为女侍中”[19]。顿丘长公主当作琅琊长公主，是常山公主的姐姐，嫁给顿丘公穆绍，史书传写致误，讹为顿丘长公主。孝明帝神龟初（518），正是胡太后开始以太后身份控制朝政的时候。她很注意照顾元氏宗室的女眷们，孝文帝的几个妹妹，包括陈留公主、琅琊公主和常山公主等，都成为宫廷里的常客。大概就是在这个时候，常山公主把陆子彰袭爵遇阻的事说给了胡太后，胡太后发话，不久陆子彰得以袭爵。袭爵之后，陆子彰“寻除散骑侍郎，拜山阳太守”，气象一新，政治前景一下子就明朗得多了。

陆子彰过继到常山公主家以后，据《魏书》说，他“事公主尽礼”，就是说他对待常山公主就像对待母亲一样。常山公主的哥哥高阳王元雍，在胡太后掌权时大受重用，官拜丞相，神龟、正光间自然也是胡太后身边小圈子里的常客。他有这样评价:“常山妹虽无男，以子彰为儿，乃过自生矣。”可见常山公主与陆子彰相处得不错。陆子彰过继时年仅十六岁，还没有婚娶，结婚的事情要由常山公主定夺。公主为子彰所选的妻子，则是她的哥哥咸阳王元禧的女儿。

蓝田公主

元禧是孝文帝的长弟。孝文帝在世时，不太看重他，而是更喜欢第六弟彭城王元勰，倚为膀臂，加以重用。孝文帝死后，元禧凭借行辈优势获得宰辅地位，一时间成为北魏最有权势的人。但是宣武帝继位时已经十七岁，身边有一批跃跃欲试的亲近人物，怎么能容忍大权旁落呢？等到为孝文帝守孝的日子一完，十九岁的宣武帝突然宣布亲政，把几个叔父从实权位置上调开。元禧对这种形势似乎既不习惯，又不太清楚，既不愿放弃权势，又不能有所作为，总之半年不到就酝酿出了宣武帝继位以后的第一个宫廷危机。《魏书》记元禧与部旧谋划政变，又狐疑犹豫，致使计划泄露，被抓获处死。虽然谋叛之事可能出于朝廷栽赃指控，但元禧似乎至死也没有明白他的皇叔兼宰辅的地位本身就注定了悲剧（广受爱戴的彭城王元勰拼命躲避这两个身份的重合，最终也难逃一死）。

《魏书·元禧传》说元禧被处死之前，虽然紧张得话已说不利落，还是把孝文帝末年说过的一些话拿来为自己辩护。据说，孝文帝在一次家庭宴会后对几个弟弟说过，如果继位之君不足以成事，“汝等观望辅取之理，无令他人有也”，意思是要兄弟们考虑，可辅则辅，不可辅则取，宁可自家兄弟们篡位，也不能让皇位落于别人之手。《元禧传》称元禧虽然说出了这一细节，“然畏迫丧志，不能慷慨有所感激也”[20]，意思是他吓得精神涣散，未能利用这一条理由反过来打动宣武帝：你看，尽管有先帝的许可，我却只想辅佐皇帝，绝无取而代之之心。当然，即使他做到了“感慨有所感激”，也难逃被处死的命运。事实上，在此前的北魏历史上，没有一个年长的皇弟在新皇帝继位前后能避免遭遇暴死的下场。[21]

史书为了说明元禧罪有应得，特别描写他虽然政务能力平平，却贪赃奢靡，“潜受贿赂，阴为威惠”，“性骄奢，贪淫财色，姬妾数十，意尚不已，衣被繍绮，车乘鲜丽”，“由是昧求货贿，奴婢千数，田业盐铁遍于远近，臣吏僮隶，相继经营”。如果总结一下，元禧是贪色又贪财的，而且似乎贪财的原因正是他养了太多姬妾。《元禧传》说他“及与诸妹公主等诀，言及一二爱妾”，就是临死与几个公主妹妹诀别时，还托付她们照顾自己的某一两个爱妾。这激起了其中一位公主的愤怒，一边哭一边骂道：“坐多取此婢辈，贪财逐物，畏罪作反，致今日之事，何复嘱问此等！”骂得元禧“愧而无言”。骂出这等沉痛之辞的，不知是哪位公主，但前往诀别的公主中，一定有常山公主无疑。

元禧案被判死刑的有数十人，元禧自己的孩子，除长子已在河内被陆琇抢先杀掉外，正式判决“绝其诸子属籍”，就是取消了他们的宗室资格，沦为平民，一无所有。元禧的女儿们，则“微给资产奴婢”，还算是略有一点生计。元禧辛苦积攒的庞大家产，都被幸臣和内外百官瓜分了。《元禧传》说：“于后，禧诸子每乏衣食，独彭城王勰岁中再三赈给之。”元禧诸子经济上衣食匮乏，政治上被绝属籍，满城官宦贵门中，只有叔父元勰愿意略加救济。这种走投无路的窘况，逼得元禧的几个儿子先后都逃奔到南方的萧梁。《元禧传》记元禧在洛阳的宫人有感于元禧的遭际，还编了一首歌传唱开来[22]：

可怜咸阳王，
奈何作事误。

金床玉几不能眠，
夜踏霜与露。
洛水湛湛弥岸长，
行人那得渡。

《元禧传》称："其歌遂流至江表，北人在南者，虽富贵，弦管奏之，莫不洒泣。"在江南听这首歌而禁不住洒下泪水的，不止是一般的"北人在南者"，大概主要是元禧的儿子们。他们到江南后，得梁武帝善待，封爵加官，生活无忧，但回想洛中往事，感慨家门盛极而衰，惨绝人寰，为乐曲歌词所激，才会"莫不洒泣"。

元禧的女儿们都留在洛阳，然而她们也面临同样的困难，那就是愿意或能够出手救助她们的人不会很多，而其中最重要的救助者，依然是她们的叔父彭城王元勰。常山公主为陆子彰所娶的元禧之女，当初陷入家破人亡的绝境中时，正是元勰把她带回家，当自己女儿一样养了起来。她到元勰家时，元勰（473—508）刚好三十岁，其妻彭城王妃李媛华（483—524）年方二十。李媛华墓志记她所生有三子二女，而她嫁给元勰之前，已知元勰庶出的儿女还有两个，即长子元子直和女儿宁陵公主。宁陵公主的正式称号应该是宁陵县公主，很可能是宣武帝在杀害元勰后所赐，因为元子直墓志记他的真定县开国公就是在元勰死后获得的（李媛华所生两个女儿，一个获赐县主，一个获赐乡主，都是孝明帝时期胡太后特意照顾才得到的）。据宁陵公主墓志[23]，她死于宣武帝永平三年正月八日（即公元510年2月2日）夜里，二十二岁，可知她生于孝文帝太和十三年（489），那时李媛华才六七岁，还没有嫁到元勰家。元勰收养哥哥元禧的女儿时（501年），宁陵公主正好十二三岁，还没有出嫁到琅琊王氏，可以肯定她们那时是可以做伴的。

延昌元年（512）陆子彰过继到常山公主家时，他未来的妻子已经在彭城王元勰家里生活十来年了，而且那时元勰被杀也已四年。在元勰家的生活，一个对她和她未来的夫家非常重要的经历是建立与元勰第三子元子攸的感情联系。

元子攸就是后来的孝庄帝。元子攸一两岁时，元勰就被宣武帝杀害，虽然家境没有因此遭受大变，毕竟创深痛巨，一般来说这种环境下一起成长起来的兄弟姊妹情谊较深。大概就是这个原因，元子攸和这位堂姐非常亲近，史称“庄帝亲之，略同诸姊”，就是和自己的姐姐一样。常山公主为陆子彰迎娶有如此经历的侄女，必定是痛感自己两个哥哥的不幸，有帮助和提携的意思。到胡太后掌权时期，常山公主诸姊妹和元子攸的母亲李媛华等，都与胡太后走得很近，可以想见，在宣武帝时期被压抑的共同经历使她们结成了一个亲密的小圈子。虽然不久发生河阴之变，洛阳政局发生惊天巨变，尔朱荣控制了朝廷，但由于他选择了元子攸当皇帝，常山公主一家的境遇不仅没有恶化，相反却骤然好转起来。

陆印与《魏书》陆氏人物之“佳传”

建义元年四月十三日（528 年 5 月 17 日），尔朱荣和他的并肆军团在黄河南岸的河阴大肆屠杀前来迎驾的洛阳官员，被杀的总人数已难以考实，可能高达两千多，几乎杀空了政府和朝廷，其中包括已被拥立为新皇帝的孝庄帝元子攸的哥哥和弟弟。那时在洛阳做官的人，无论官职高低，除了很少的一些，大都奉命前往河阴，而到了河阴的人，几乎无法避免被“乱军”围杀的命运。陆子彰有两个哥哥和一个弟弟，都横死于河阴。那些当时不在洛阳做官而热切等待入京机会的人，或在洛阳却身无官位正等候机会希冀一官半职的人，必定深深感到庆幸和后怕。当时陆子彰正在山阳当太守，从他的爵位和家庭背景来看，这是一个很不起眼的官职。从洛阳传来令人震骇的坏消息的同时，也传来了孝庄帝任命陆子彰为给事黄门侍郎的诏书。黄门郎由于贴近皇帝，在北魏中后期已成为热门职位。孝庄帝进入洛阳，立即要把他这位姐夫招入宫中。

而且，孝庄帝还封陆子彰的妻子为蓝田公主，真把她当作姐姐对待。蓝田公主后改封上庸公主，改封的时间已不可考，很可能在东魏时期。好事还不止于此。由于太多王公贵人死于河阴，尔朱荣既急于取悦上层社会，又急于填充朝廷空缺，大拜群官，滥授爵位，甚至恢复了孝文帝改制以前的异姓封王的做法。陆子彰近水楼台，被封为濮阳王，食邑七百户。不过异姓封王的做法毕竟违背了孝文帝以来的政治传统，所以很快就被迫放弃，陆子彰又做回东郡公，“除安西将军、洛州刺史”。把陆子彰放到洛州，是因为洛州作为近州，有拱卫洛阳西门的意义。随后孝庄帝刺杀尔朱荣，尔朱氏疯狂报复，都没有涉及陆子彰，可见他因在外州，没有在这场宫廷大戏中扮演任何角色。而他的亲弟弟陆士廉和亲叔父陆希质则忠于孝庄帝，在建州（今山西晋城，是洛阳与晋阳之间的交通枢纽）阻击尔朱世隆等，城破被杀。他们对尔朱氏采取如此敌对的立场，一定是基于家里多人死于河阴的深仇大恨。但不知为什么，与孝庄帝关系更近的陆子彰却平安渡过了这一危机。

陆子彰再次得到重用，是在高欢所立的孝武帝永熙年间。而且由于他没有卷入高欢与孝武帝之间的斗争，在孝武帝西奔关中以后，陆子彰仕途依然顺畅，“一年历三州，当世荣之”。后来，陆子彰又先后主持瀛洲、沧州、冀州和青州的军政事务，显然是很得高欢信任的。武定八年（550）二月，他被任命为非常清显的中书监，一个月后去世。《魏书》评价说，陆子彰最初到外州任职时，“以聚敛为事”，但后来幡然自新，“晚节修改，自行青、冀、沧、瀛，甚有时誉，加以虚己纳物，人敬爱之”。又说他“崇好道术”，就是信持佛教，“不忍害物”。有一次他患了重病，医生开的药方有桑螵蛸，即一种螳螂科昆虫，俗称刀螂。陆子彰觉得吃桑螵蛸就是杀生，违背了佛陀教导，所以坚持不吃这味药，史书说“其仁恕如此”。[24]

值得注意的是,《魏书》给陆氏诸人所列的传记中,陆子彰作为一个不怎么重要的历史人物,却获得相当长的篇幅和相当正面的评价,而且卷末“史臣曰”最末一句还说“希道风度有声,子彰令终之美也”,特别称扬了陆子彰父子二人。这种情况发生在《魏书》中,原因通常是史书编纂者的偏袒,而这种偏袒的发生,往往是因为恰好有自家的代表人物参与了修史,或与修史者有良好的关系。在陆子彰这个案例中,是因为陆子彰的长子陆卬不仅参与了修史,而且还是东魏文坛上的一个人物,与包括魏收在内的修史诸人都是朋友关系。《北史》记陆“卬字云驹,少机悟,美风神。好学不倦,博览群书,《五经》多通大义。善属文,甚为河间邢卲所赏”。陆卬文才敏捷,多次参与接待萧梁使者,席间赋诗,他必是最先完笔的一个,“虽未能尽工,以敏速见美”。在东魏北齐受到信任的文人中,陆卬算得一个笔杆子,据《北史》说,“齐之郊庙诸歌,多卬所制”[25]。

邢卲赏识陆卬,还有一些故事。《太平御览》引《北齐书》:“陆郎(郎当是卬之误)字云驹,洛阳人也,昆弟六人,并魏蓝田公主元氏所生。故邢卲尝谓人云,蓝田生美玉,岂虚也。”又引《北齐书》记邢卲对陆子彰说“吾以卿老蚌复出明珠”。《北史·陆卬传》记邢卲对子彰的话,还有“意欲为群拜纪可乎”,用孔融“为群拜纪”的典故,夸耀陆卬的出类拔萃。邢卲与温子升在魏末是最享盛名的文人,世称“邢温”，温子升死后，邢卲又与魏收并称“邢魏”。他们跟陆卬的特殊联系，似乎才是《魏书》为陆子彰立“佳传”的主导因素。当然，陆子彰与蓝田公主所生六个儿子，确实都有过人之处，他们几乎都在祕书、中书和著作担任过职务，显然都以文学见长。

这也可以说明为什么常山公主死后，为公主撰写碑文的人会是当时文名最盛的温子升。那么，《艺文类聚》所载的这篇《常山公主碑》写于什么时候？换一个问法，常山公主死于何时？《魏书·陆子彰传》：“天平中，（子彰）拜卫将军、颍州刺史，以母忧去职。”这个“母”，应该就是常山公主。可见常山公主死于东魏孝静帝天平年间（534—537）。以陆子彰的政治地位，加上陆卬的社会交往，请动了温子升来写《常山公主碑》。由此也可以想见，常山公主的葬礼也是相当隆重的。陆子彰与公主虽非亲生母子关系，但似乎两人相处得不错，算得有始有终。当然，蓝田公主（上庸公主）在其间一定也发挥了很重要的作用。

陆子彰死于东魏孝静帝武定八年（550）。陆卬兄弟六人“相率庐于墓侧，负土成坟”，孝义感人，朝廷“发诏褒扬，改其所居里为孝终里”。[26] 不过此后不幸的事接连发生。陆卬之母蓝田公主死于北齐文宣帝天保年初（可能在553年前后）。《北史》记陆卬“哀慕毁悴，殆不胜丧，遂至沉笃，顿伏床枕，又成风疾”，从此一病不起。陆卬的第五个弟弟陆抟得病将死，特别叮嘱兄弟们说，大哥病成这样，我死了不要让他知道，哭声不可太高，免得他听到，他那么慈爱，知道我的死讯怎么受得了。家人照他的话做，直到下葬时才告诉陆印。《北史 · 陆印传》说："印闻而悲痛，一恸便绝。年四十八。"这时距蓝田公主之死，大概也才不过一两年。

［注释］

1 欧阳询 :《艺文类聚》卷一六储宫部公主门，汪绍楹校本，上海古籍出版社，1982 年，第 306 页。

2 《北史》卷八三《文苑传》，中华书局，1974 年，第 2783 页。

3 《魏书》卷四〇《陆俟传》附《陆昕之传》，中华书局，1974 年，第 909 页。

4 《南齐书》卷五七《魏虏传》，中华书局，1972 年，第 996 页。

5 《魏书》卷四〇《陆俟传》附《陆叡传》，第 911 页。

6 罗新 :《北魏皇室制名汉化考》，《中国中古史研究》第二卷，中华书局，2011 年，第 137—149 页。

7 罗新 :《说北魏孝文帝之赐名》，《文史》2011 年第 3 期，第 49—61 页。

8 《魏书》卷一八《南安王余传》，第 435 页。

9 《魏书》卷四一《源贺传》，第 920 页。

10 《北史》卷二八《陆俟传》附《陆丽传》，第 1015 页。

11 山西省考古研究所、灵丘县文物局 :《山西灵丘北魏文成帝南巡碑》，《文物》1997 年第 12 期，第 72 页。

12 《魏书》卷四〇《陆俟传》附《陆定国传》，第 908 页。

13 《魏书》卷四〇《陆俟传》附《陆定国传》，第 908—909 页。

14 《魏书》卷四〇《陆俟传》附《陆定国传》，第 909 页。

15 《魏书》卷四〇《陆俟传》附《陆昕之传》，第 909 页。

16 《金石萃编》卷二七，中国书店影印本，1985 年。

17 罗新：《北魏孝文帝吊比干碑的立碑时间》，《文史》2005 年第 4 期。

18 《魏书》卷四〇《陆俟传》附《陆昕之传》，第 909 页。

19 《魏书》卷四〇《陆俟传》附《陆昕之传》，第 909 页。

20 《魏书》卷二一《咸阳王禧传》，第 539 页。

21 Andrew Eisenberg, *Kingship in Early Medieval China*, Leiden: Brill, 2008, pp. 23-60.

22 《魏书》卷二一《咸阳王禧传》，第 539 页。

23 王则：《魏故宁陵公主墓志考释》，《北方文物》2004 年第 3 期。

24 《魏书》卷四〇《陆俟传》附《陆子彰传》，第 910 页。

25 《北史》卷二八《陆俟传》附《陆印传》，第 1017—1018 页。

26 《北史》卷二八《陆俟传》附《陆印传》，第 1018 页。

忽必烈的历史挑战

——读杉山正明《忽必烈的挑战》

最近听到的有关蒙古的消息，是乌兰巴托市中心的苏赫巴托尔广场即将改名成吉思汗广场。过去该市以成吉思汗命名的重要地标主要是一家高档饭店和郊区的国际机场，现在最具象征意义的中心广场也要改名了。革命领袖和现代蒙古国缔造人的名字，正从蒙古现代民族国家的主要象征符号中淡出，而遥远过去的蒙古英雄已然孤峰独峙，显示后社会主义时代蒙古的国家认同建构是多么依赖对历史资源的发掘。如果把视野扩大到中国的内蒙古，你轻易就会发现以成吉思汗命名的城市中心广场竟远远多于蒙古国——呼和浩特、呼伦贝尔、鄂尔多斯、锡林浩特、乌兰浩特、乌海……

最伟大的蒙古英雄没有第二人。不仅蒙古人这样看，在世界范围内，成吉思汗不仅足以当作蒙古的代名词，而且，他甚至比蒙古更有名。

这是八百年来种种历史发展的结果。内亚史地研究的先驱之一拉铁摩尔（Owen Lattimore）说过，如果不是因为恰好生在一个适当的时候，以及刚好活动在一个适当的地理区域，仅仅以成吉思汗的天生禀赋，他本来成不了这么大的气候。这当然比那些一味沉迷在伟人的克里斯玛中寻求神秘历史解释的研究者高明，但其实拉铁摩尔自己也浸润在成吉思汗孤独的伟大传统中：成吉思汗如此伟大，以至于他在蒙古人的历史中成为一个孤独的英雄，一座突兀的高山。

成吉思汗的这种孤独地位，并非一开始就是如此，特别在元朝不是如此。在《马可波罗游记》里，忽必烈才是蒙古英雄的天字第一号："大可汗（忽必烈），是一个最智慧，在各方面看起来，都是一个有天才的人。他是各民族和全国最好的君主。他是一个最贤明的人，鞑靼民族从来所未有的。"虽然马可波罗没有赶上成吉思汗的时代，但他对忽必烈的赞颂，至少反映了那时元朝宫廷和官僚舆论中，存在着把忽必烈描述为蒙古历史第一人的倾向。这种倾向或史学实践，在忽必烈后裔失去汗位以后，势必发生重大逆转。成吉思汗历史地位的变迁过程，无疑也是蒙古史的一个有趣的课题，那种把今日成吉思汗独特地位视作理所当然的观念，当然是非历史的。

专业的蒙元史研究者当然不会花心思去给历史人物排座次，但许多学者还是明确表示忽必烈与成吉思汗同等重要。著有《忽必烈传》的李治安教授说："与祖父成吉思汗一样，忽必烈堪称蒙元一代的伟人。……成吉思汗以征服武功震撼世界，忽必烈则以文治著称于天下。忽必烈是成吉思汗继承者中最杰出的政治家。”蔡美彪先生说，撰写《忽必烈传》实际上相当于写半部元史。李治安教授的《忽必烈传》的确可以当作半部元史来读。不过，以挑剔的眼光来看，元史是传统中国历史的一部分，这部传记所写的，也还是中国历史脉络中的忽必烈。正是在这个意义上，同样高度评价忽必烈历史地位的杉山正明教授，在其名著《忽必烈的挑战——蒙古与世界史的大转向》中，描摹出一个世界史视野中的忽必烈，迥然有异于我们所熟悉的那个元世祖。杉山这部书当然没有写成半部元史，但可以当作 13 世纪后半叶世界史的半部概论来读。

学界说起杉山正明，一般都会首先提起他的语文能力，他自己也喜欢强调学习和掌握多种语文对于研究蒙元历史的重要性，特别是波斯文，用杉山的话说，对研究蒙元史而言波斯语文献与汉语文献同样重要。他如此高看非汉文特别是波斯文史料，当然与过去研究者偏多信赖汉文文献有关。莫里斯 · 罗沙比（Morris Rossabi）在 1989 年出版的《忽必烈汗》中，就已经批评研究者对于汉文以外的史料利用不足。杉山把这一批评推向了极致，而且他自己也似乎努力学习了尽可能多的语言。他说：“有关蒙古时代应该使用的史料经典就多达二十多国语言，并且重要的是，东西方专门研究者的工作，都想要描绘出一种完全不同的历史图像。”他认为，以汉文为中心的东方史料与以波斯文为中心的西方史料，把研究者也分成了两个集群，由于“两个文献群各自背负着的巨大文化传统完全不同”，比克服“史料之墙与语言之墙”更困难的，就是跨越“说不定远较前两者为大的意识之墙”。据说杉山的办公室就是蒙元史研究的最佳图书馆，参观者通常会惊骇于如此丰富、如此稀见的多语文史料竟会汇聚在此，也难怪杉山会在书中对哈佛的图书馆颇有微词。

多语文史料的掌握，当然是杉山蒙元史研究的一大特点，不过这并不意味着他的成功就在于他使用了不为他人所知的材料。他的著作里的确有很多出自波斯文、拉丁文、阿拉伯文等非汉文的材料，但这些材料本身并不是由他发掘出来第一次使用的。他的确在不少地方巧妙地利用了多语文史料驳斥旧说或建立新论，但这些材料对于其他研究者来说并不是那么陌生。在我看来，杉山是在武装了炫人耳目的多语文工具的同时，和许多成功的历史学家一样，也具备极为开阔的知识视野和求新求变的理论勇气，事实上正是后者使他写出了一系列有着独特视角的历史论著。

以《忽必烈的挑战》为例，决定了此书一炮打响的，并不是杉山使用了多少条稀见的多语文史料，而是他在书中以习见史料论述了蒙古时代所开创的世界体系这个亚洲史乃至世界史的命题。他所谈的忽必烈，不仅是蒙古的大可汗，也不仅是元朝的创建者，而是塑造了从地中海到西太平洋巨大范围内新型政治经济体系的关键人物，而这就是世界历史上最早具有近代意义的“世界体系”，蒙古帝国为这个世界体系提供了结构骨架和运转动力。忽必烈不仅继续并完成了成吉思汗所启动的帝国进程，他还重新设计和编织了这个帝国的网络，使得东西世界之间的联系不再是偶发的、随机的和间隔断续的，摆脱了古典丝绸之路情怀的东西交流，第一次具有了整体的、持续的和息息相关的意义。这就是本书副标题“蒙古与世界史的大转向”的真意所在。因此，这本书超越了传统蒙元史的范畴，而成为一种亚洲本位的世界史论述。

读者不难发现，作者为了建立这个亚洲本位的世界体系论述，不得不专辟章节批判欧洲本位的世界体系说，这便是沃勒斯坦（Immanuel Wallerstein）等社会学家所创建的近代世界体系理论。沃勒斯坦认为，自16世纪开始，世界经济存在着以西欧为中心，以西欧以外为层级递减的边缘的结构，中心区域有国与国的区别，国家内部有地区与阶层的区别，某地区内有城乡的区别。中心与边缘涉及不平等的交换关系、地理关系及垄断与自由竞争的关系，近代资本主义、帝国主义的发展历程，就是主导世界体系、把全世界各边远地区都吸纳进这个世界体系的过程。世界体系的发端可追溯至15世纪末的大航海和地理大发现，从那以来的历史可以说就是这个世界体系实现和展开的过程。杉山在书中批评沃勒斯坦的世界体系是“不确切的体系论”，但他并没有从理论上加以辩驳，而只是指出沃勒斯坦理论对亚洲历史的关照过于薄弱，过于“图式主义”，在史料和具体论证上不具有说服力，“特别是连东亚与中亚，甚至是中东伊斯兰世界及俄罗斯方面，都欠缺基本的历史知识与认识”。因此，给出一个充分考察了亚洲历史经验的世界史论述就变得必要。在浮皮潦草地批评了流行的世界体系论之后，杉山就可以开始建立自己的新世界体系论了。

有趣的是，杉山对沃勒斯坦的批评，不但在学理上无多新意，而且也部分地掩盖了他自己的世界体系的来源。在我看来，杉山本人深受沃勒斯坦世界体系论的影响，这本《忽必烈的挑战》不仅写作灵感来自沃勒斯坦，而且其具体论述也有赖于世界体系论原有的海上通商、中心边缘、金融网络和分工物流等重要概念。当然杉山并没有掩饰沃勒斯坦学说给他的冲击，“这真是一套波澜壮阔的历史论述……对读者而言真的是有不容招架的压倒性魅力”，而他的回应则是以沃勒斯坦的概念与方法，本着“以全球的视野来总括亚洲全体”的目的，建立一套新的世界体系论述。这个新的世界体系，就是蒙古时代以忽必烈为中心的世界体系，其基本杠杆是蒙古人的军事力、中华社会的生产力和中东和中亚穆斯林商团的营商力。

受到沃勒斯坦世界体系论冲击的杉山，把这一套分析方法和论述模式应用到他自己的研究领域中，就诞生了本书所表述的蒙古时代世界体系观。沃勒斯坦的世界体系是以欧洲特别是西欧为基点的，是一种欧洲本位的世界体系；杉山的蒙古时代世界体系，以蒙古帝国为核心展开，是一种亚洲本位的世界体系。沃勒斯坦的世界体系，开启于15世纪末的大航海时代，勃发于16世纪，前波后浪连绵不绝以至于今；杉山的世界体系则提前至13世纪后半叶，虽然维持的时间不太长，但已经从根本上改变了世界历史，至少间接地影响了14世纪以后东西方历史的进程，特别是近代世界体系重构的进程。

杉山一方面赞赏沃勒斯坦的“（历史）书写真的是可怖的”，另一方面指出由于“他不了解蒙古”，所以不知道“国家在其和缓的主导下，拥有组织力主动掌控物流，自身也凭借通商利润而存立的这个模式，在世界史上忽必烈国家恐怕是第一个”。杉山从多角度论证忽必烈的通商帝国“以世界规模而展开”，目的就是要建立一个全新的历史论述，这一论述足以借助世界体系这样时髦的理论解说，把忽必烈时代蒙元史的意义充分放大，空间上不仅超越中国史，还超越亚洲史，时间上则不仅超越忽必烈个人的统治时期，还超越蒙元时代，与近代的全球史直接连接。不得不说，这是一个野心勃勃的写作计划。还不得不说，杉山基本上成功地完成了他的计划。

《忽必烈的挑战》与杉山其他广受好评的著作一样，可读性、知识性与思想性，堪称圆融完满。杉山著作给人的第一印象是他的视野开阔和知识丰富，在欧亚大陆的东西南北之间跳跃来去毫无窒碍，细节叙述妙趣横生。姚大力先生说：“就我记忆所及，他前后写过近十种性质类似、话题或聚焦点略有不同的历史读物，每本都显示出一定程度的独特视角与新鲜见解。”姚先生所说的“独特视角与新鲜见解”，正是杉山最成功的地方。进一步分析，就会发现他的著作都有或明或暗的理论来历，都受到国际学界某种流行议题的影响或启发，而且都是对这些议题某种程度的回应。在蒙元史领域的学者中，不仅日本，即使世界范围内，他这个类型的也相当罕见。对后辈特别是年轻学者来说，注意到杉山正明这样无时不在标榜语文和语言重要性的成功者，其实在多大程度上关注着包括社会科学理论在内的国际学术新说，并且在自己的写作中接受其影响的同时又积极予以回应，也许会是更有启发的。

当然这不是赞赏或提倡理论先行、以论带史，杉山的著作之所以成功，恰恰在于他处理好了理论与实证的关系，他的某些著作甚至表面上并没有理论追求，或没有受理论影响的明显痕迹，他挑选的细节才是抓住读者的第一因素。但他能成为如此一个风格独特个性鲜明的历史学家，理论关怀与理论勇气是相当重要的因素。

我不是蒙元史专家，本没有资格判断杉山的世界体系论是否在史学上成立。从一个读者的阅读体验说，我觉得他这个说法有点浪漫，把机会主义的财富追求说成了深思熟虑的经济规划，把沟壑纵横彼此对立的蒙古政治说成共享帝国成果的太平世界，多多少少，是证成并拔高了他自己批评过的Pax Mongolic（有时又称为 Pax Tatarica）。杉山笔下的忽必烈，对西起地中海东至太平洋的广大世界都有相当深入的了解，能够制作超越时空局限的经济与政治的战略安排，总给人一种不可思议的惊讶。那样的历史人物是难以理解的。当然，《忽必烈的挑战》所论述的蒙古时代的世界体系，多大程度上是杉山发现的，又在多大程度是他发明的，这是另外一个话题。应该承认的是，能够挑起这个话题，这本书就已经成功了。

我对忽必烈的兴趣当然与我自己的知识局限直接相关。接着本文开头所提到的问题，即忽必烈与成吉思汗的历史地位的比较，我想，先不管当时及后世的评价（那必是各执一词、言人人殊的），我们应该看看忽必烈自己对这个问题是怎么看的，或者说，他对自己的历史地位是如何预期的。

忽必烈对中国历史很有兴趣，在漠北时已然。徐世隆说："上之在潜邸也，好访问前代帝王事迹。"由于完全依靠翻译和听讲，他的历史理解能到什么程度，当然不可估计太高，但哪怕有限的知识也大有助于他日后进入中原后的施政与统治。虽然有材料说他尤为钦佩唐太宗，对唐代历史特有兴趣，对《资治通鉴》情有独钟，但研究者都同意，对他施政影响最大的主要是金代历史知识，《大定政要》的重要性由此可见。而元朝是由草原南下的征服者所建立的这个事实，不可能不在忽必烈的历史兴趣中无所反映。那么，他对辽金之前情形类似的北魏的历史有多少了解或有多少兴趣呢？

许衡建议忽必烈推行汉法时，就是从北族政权统治华夏这个角度说的："考之前代，北方奄有中夏者，必行汉法，可以久长。"中国历史上，这种以草原征服者的身份"奄有中夏"的前代王朝，有哪些是成功的呢？就是拓跋魏、契丹辽和女真金。许衡说："故魏、辽、金能用汉法，历年最多，其他不能实用汉法，皆乱亡相继，史册具载，昭昭可见也。"显然，北魏成功的历史经验早已进入忽必烈的知识视野。郝经对忽必烈说："昔元魏始有代地，便参用汉法。至孝文迁都洛阳，一以汉法为政，典章文物灿然与前代比隆。"

我在这里讨论忽必烈对北魏历史的了解，或他对北魏历史的兴趣，目的是想解释他具体从北魏历史里学习了什么。他以"元"为国号，或许真的如他自己的解释直接出自《周易》彖辞的"大哉乾元"，其灵感并不来自北魏孝文帝为拓跋皇室改姓为"元"的故事，但另外一个看似巧合的一致，就值得深思了。至元元年（1264）忽必烈"初定太庙七室之制"，尊皇祖成吉思汗为太祖。五年后又定太庙为八室，加上皇曾祖也速该·把阿秃儿，尊为烈祖，并给太祖成吉思汗上谥号为圣武帝，给烈祖也速该·把阿秃儿上谥号为神元帝。这种谥号在以前王朝的帝王谥号里并无重复，除了北魏。北魏始祖拓跋力微的谥号是神元帝，力微之父诘汾的谥号是圣武帝，这些都是北魏开国君主太武帝拓跋珪于天兴元年（398）追赠的谥号。力微与其父被谥为神元帝、圣武帝，成吉思汗与其父被谥为圣武帝、神元帝，看起来似是一种巧合，但一个难以抗拒的联想，就是忽必烈和他的谋士们从北魏史获得了灵感。

这个联想最大的史学价值，即忽必烈怎么看成吉思汗。他是否把把成吉思汗看成完成建国大业的人呢？元代文士奏疏文字里，说起“国朝奄有天下”的具体年数，多是从灭金算起的，而那时成吉思汗已经不在，实现灭金大业的蒙古大汗是窝阔台。这种算法一定反映了忽必烈本人对蒙元历史的认识。在忽必烈的蒙元历史观里，成吉思汗大致相当于北魏历史上的拓跋力微，创立了草原时代的伟业；窝阔台至蒙哥等，大致上相当于北魏道武帝以下平城诸帝；而他自己，应该就是要以孝文帝的气概，创造远超孝文帝的事业。在这个历史观里，忽必烈本人是把自己看作蒙元历史第一人的。

杉山在《忽必烈的挑战》中一再强调元朝并不是一个中国的王朝，可是回到忽必烈本人的历史认识中，我们看看，他在三代至宋金的历史之外寻找任何历史认同了吗？他建立的元朝，不就是要接续宋金的历史吗？他并没有企图否定或遮掩元朝的草原起源，但他显然把草原时代的历史与入主中原的历史分成了截然不同的阶段。成吉思汗只是草原创业时代的英雄，而蒙古最伟大的事业还有待元朝的建立与传承，这在以往的历史中已有很多先例可循，其中拓跋鲜卑所建立的北魏，就是一个榜样。正因为这样，他才把拓跋力微父子的谥号同样施用于成吉思汗父子，透露出他对成吉思汗及他自己历史地位的认识或期待。

据说忽必烈特别推崇唐太宗。唐太宗不是唐朝的开国君主，却最终获得了唐朝历史第一人的地位。这或许是忽必烈喜欢提到他的原因之一。如果他那时已经具有“世界体系”的眼光，给出一个类似《忽必烈的挑战》的宏大叙事，那他实在不必为自己的历史地位怀有任何疑虑了，因为这种疑虑本身，说明他还是置身在中国的历史传统中——那在杉山的欧亚历史观里当然是一个令人遗憾的局限，可是，从草原帝国的成功转型来说却是一个不小的超越。

昔日太宗拳毛騧

——唐与突厥的骏马制名传统

昔日太宗拳毛騧，
近时郭家师子花。
——杜甫《韦讽录事宅观曹将军画马图》

南宋李石《续博物志》卷四有一条：

（唐）天宝中，大宛进汗血马六匹，一曰红叱拨，二曰紫叱拨，三曰青叱拨，四曰黄叱拨，五曰丁香叱拨，六曰桃花叱拨。上乃制名，曰红辇，曰紫玉辇，曰平山辇，曰凌云辇，曰飞香辇，曰百花辇。后幸蜀，以平山、凌云为谶。（巴蜀书社，1991 年）

北宋秦再思《洛中纪异录》也有这条记事。[1] 李石和秦再思应该都是录自唐人笔记，《钦定四库全书总目》所谓“剽掇说部以为之”，尽管文字微有不同。《续博物志》记唐玄宗所改马名中的红辇和紫玉辇，在《洛中纪异录》中作红

昭陵六骏之拳毛騧

昭陵六骏之飒露紫。拳毛騧与飒露紫原石现藏美国宾夕法尼亚大学博物馆

玉犀、紫玉犀。《洛中纪异录》没有末尾幸蜀应谶那一句，“制名”作“改名”，而在改了马名之后还有一句“命图于瑶光殿”，是很重要的内容。“犀”应是“辇”字之误，因形近致讹，这样才与其余四马命名的形式相一致。“红辇”当作“红玉辇”，夺了一个“玉”字，因为“红玉辇”才对得上“紫玉辇”，也才符合唐玄宗华丽的制名风格。可见李石与秦再思两书所录此条各有所得，互勘之后庶几近于原本。

大宛是唐人用汉代地名称呼当时中亚的拔汗那（Ferghana，今译费尔干纳）。白鸟库吉早在1906年就在《大宛国の汗血马》一文中考订叱拨一词的语源（etymology），认为与大夏（Bactria）语的ashpa，波斯语的asp/asb，梵文的aśva，有直接或间接的关系，极可能就是费尔干纳地区（粟特语）的āspah的略译。[2] 原田淑人接受了白鸟的说法，称叱拨的语源应该是伊朗语的aspa。[3]

美国学者薛爱华（Edward H. Schafer，又译谢弗）是从原田的著作获知这一语源讨论的，但他在其名著《撒马尔罕的金桃》[4] 的一条注释里，否定了这一见解，认为这是不可能的，他根据费耐生（Richard N. Frye）提供的线索，把叱拨的语源考订为粟特语的čərθpāδ，意为“四足动物”，可用来指马。费耐生的意见仅见于此，应该只是私下的提示或建议，并非出自严肃的讨论。

我认为薛爱华的这个说法是迂曲不通的，因为粟特语中有关马名的用例，绝大多数还是和波斯语一样的通用词汇，即 asp/əsp。萨珊波斯的巴列维语（Pahlavi），即中古波斯语（Middle Persian），和粟特语一样，表“马”的词都是 asp/əsp。不仅伊朗语，可能整个印伊语（Indo-Iranian）都是如此，古代译经有阿湿婆、阿舍婆，都是梵文中马这个词的音译。例如《翻译名义集》(《大正新修大藏经》第 54 册第 2131 号）卷二：“阿湿婆，此云马。”《大唐西域记》卷九有“阿湿婆恃”，原附注曰“唐言马胜”，即是以阿湿婆对译马。季羡林等校注者认为，阿湿婆恃即梵文 Aśvajit，巴利文作 ssaji，即以 aśva 对译为“马”。[5]《翻梵语》(《大正新修大藏经》第 54 册第 2130 号）卷九：“阿舍婆者，马。”薛爱华可能对叱拨缺少 asp/əsp 词首元音的译法不能理解，其实中国中古时代这种省略词首元音的译法是十分常见的，比如始波罗（又译沙钵略）就省去了 išbara 的词首元音。

根据《续博物志》和《洛中纪异录》，来自费尔干纳的这六匹汗血马在进献给唐玄宗之前，本已各有名号，只是极为朴素。这六匹马的原名分别相当于汉语的红马、紫马、青马、黄马、丁香马、桃花马，但是汉语译名里保留了原文的叱拨，予以音译而不是意译，大概之前这个音译词汇已经流行，在汉语中的新词义超越了 asp/əsp 语源的本义，与中亚名马早已紧密链接。岑参《玉门关盖将军歌》有句“枥上昂昂皆骏驹，桃花叱拨价最殊”，可见叱拨作为外来语借入词在唐代是很流行的。这个音译词在汉语词汇里具有专名性质，带有异域风情，因而常见于后来的文学作品，如白居易《和张十八秘书谢裴相公寄马》有“齿齐膘足毛头腻，秘阁张郎叱拨驹”，韦庄《长安清明》有“紫陌乱嘶红叱拨，绿杨高映画鞦韆”，陆游《闻蝉思南郑》则有“金羁叱拨驹，玉盌蒲萄酒”，等等。研究者摘出已多[6]，兹不赘举。

叱拨进入汉语之后，不仅专指骏马，而且似乎也渐渐缩小范围，特指某种毛色的骏马。《宋史·兵志》马政部称，如果按马的毛色划分，“毛物之种九十有二”，其中“叱拨之别八”，把叱拨与青、白、乌、赤等并列，显然指一种花色（杂色）。《宋史》这一划分的依据大概是今已不存的《群牧故事》。杨慎《丹铅总录》卷五有“叱拨”条，称“《群牧故事》六卷，中载九龙十骥之名称，西河东门之骨法，无不具焉，其说马之毛色九十一种”，“又云叱拨之别有八，曰红耳叱拨，曰鸳鸯叱拨，曰桃花叱拨，曰丁香叱拨”等，“又曰北方马以叱拨及青白紫纯色绿鬃骝为上”。叱拨的义项从唐初广义的马到宋元狭义的花马，经历了一个很大的变化。元代耶律铸《双溪醉隐集》卷六有《红叱拨赞》，序称“余有良马曰红叱拨，取韦庄‘紫陌乱嘶红叱拨’之语名之”，又说“诸突厥部遗俗，呼今之诸色桃花马为叱拨”。按照耶律铸这个说法，印伊语的 asp/əsp 一词缩小义项，用以专指杂色花马，这个变化也发生在突厥社会。或者进一步推想，汉语里的叱拨一词，并非直接来自印伊语，却是从突厥语各人群转贩而来的。我对此还是有一点怀疑，从耶律铸的许多写作来看，他有时似乎故意掩盖他从唐宋文学汲取的营养，把中原流行的似是而非的想象解说成中亚或草原的真实知识。

不过，按照印伊语的修饰词序，红叱拨、紫叱拨这类名字，应该是被修饰词叱拨在前，表颜色的修饰词在后，也就是说，当作叱拨红、叱拨紫、叱拨桃花等。据波斯语大百科词典《德胡达词典》[7]，萨珊波斯巴列维语文献 *Minuye Kherad* 提到“白马为众马之王”，其语序就是“Asp（马）arus（白色的）aspan（诸马）rad（首领，王）”（在 asp 和 arus 之间还有一个表示修饰关系的附加元音 i）。成书于萨珊时期的巴列维语文献《怀念扎里尔》（*Yadgar-i Zariran*），记载波斯人与所谓匈奴人（Khiun）作战的传说，提到很多马，如 asp-i ahanin-sumb（蹄子如铁一般的马），asp-i asuda-yi tizro（轻快迅捷的马），aspān-ē nēv（好马，骏马），构词法都是 asp 在前，修饰语在后（本文涉及中古波斯语 asp/əsp 的所有用例，都得自北大王一丹教授的指导，谨此致谢）。

《史记》卷二四《乐书》：“后伐大宛得千里马，马名蒲梢。”可见汉武帝时得自大宛的“蒲梢（蒲骚）”，似乎是一个以 asp/əsp（蒲）前置、毛色修饰词（梢／骚）后置的硬译，多少反映了大宛马名的本来形态。不过，出现在唐玄宗面前的红叱拨、紫叱拨这种马名，是翻译之后的汉语形式，经历了一番文化间的过渡与转换，不仅意译了表毛色的词，还遵守了汉语修饰词前置的词序规则，而叱拨也可以视为外来借入词。这种遵循汉语修饰词序的翻译方式，可以说是汉语翻译的一个主流传统。

唐玄宗所制马名不仅华丽，而且还看不出是马，字面上似乎只是一种皇家辇乘。六马本来一律以毛色为名，丁香、桃花都是描述毛色的词汇。比如桃花马，古又称赤骠马，是一种杂有红白浅黄毛色的花马。岑参《卫节度赤骠马歌》："君家赤骠画不得，一团旋风桃花色。"许慎《说文解字》马部释骠"黄马，发白色"，可见是一种浅黄间白的毛色。马祖常《桃花马》诗曰："白毛红点巧安排，勾引春风上背来"（《石田先生文集》卷四）。玄宗改名之后，红玉辇、紫玉辇、百花辇还保留了原名中描述毛色的部分，而平山辇、凌云辇和飞香辇就不再能反映毛色了。

唐玄宗这种不求表达毛色而着意强调其品质德性的命名方式，也源自一种古老的传统。《西京杂记》卷二说汉文帝从代国到长安即位时，带有九匹骏马，合称"九逸"：浮云、赤电、绝群、逸骠、紫燕骝、绿螭骢、龙子、麟驹、绝尘。《西京杂记》虽非信史，但这条记事多少反映了汉晋之际"代马"的美誉。《文选》收曹植《朔风诗》有句"愿骋代马，倏忽北徂"，鱼豢《典略》也说"代马，阴之精也"，可见汉晋之际代北地区的骏马是颇受赞誉的。值得注意的是，"九逸"的名字中，只有逸骠、紫燕骝、绿螭骢和麟驹大致上看得出是马，而所有的名字都在强调骏马迅奔之能，并且也只有逸骠、紫燕骝、绿螭骢点明了马的毛色。

《太平御览》卷八九七引崔豹《古今注》曰："秦始皇有

七名马，一曰追风，二曰逐兔，三曰蹑影，四曰追电，五曰飞翮，六曰铜雀，七曰晨凫。”这条记事虽然不能当作秦汉史的材料来使用，但大致可以认为反映了魏晋时人对名马命名原则的某种理解：这七个名字在字面上全都与马无涉，成为马名只是因为描述了马的速度。汉末曹操有马名“绝影”，见《三国志》卷一《魏书·太祖本纪》注引《魏书》：“公所乘马名绝影，为流矢所中。”“绝影”同样是表彰奔跑迅捷。《太平御览》引崔豹《古今注》还记曹真有马“名惊帆，言其驰骤如烈风之举帆也”。《三国志》卷九《魏书·曹洪传》记曹操为董卓将徐荣所败，因为“失马”而一度陷于危境，曹洪把自己的坐骑让给了曹操。曹洪救助曹操的这匹马，到了王子年《拾遗记》里，还得到一个名字“白鹤”（据《太平御览》卷八九七所引），虽不可信，却同样可以反映魏晋时人对马名的理解和预期，其重点就在速度。

汉末魏晋描述骏马，大都侧重其迅捷快速。《文选》卷四十收陈琳《答东阿王笺》，有“飞兔流星，超山越海”的句子。众所周知，吕布坐骑有著名的赤兔，赤兔的命名规则显而易见与白鹤一样。《太平御览》卷八九七引王子年《拾遗记》，还有一条是周穆王“八龙之骏”的名字，“曰绝地、翻羽、奔霄、越影、逾晖、超光、腾雾、挟翼”。基本上都是汉晋之际的命名风格。据《隋书》卷七六《文学传》，隋代的诸葛颍著有《马名录》二卷，可惜早已不传，否则我们对古代和中古的马名就会有多得多的知识。

魏晋及之前马名多为双音节，即两个字（如所周知，项羽有爱马名骓，是单音节马名，这种单音节命名方式，是否反映战国和秦代的习惯，还有待研究）。双音节马名的传统，与那时人的双音节姓名（姓＋名）之间是否有关联？汉晋时期人名流行单名，加上姓氏即为双音节。这与汉语及汉语文化自身的发展应该是有关系的，那么马名的双音节大概也可以从中获得部分的解释。值得注意的变化是，南北朝以后的马名则流行三音节，即三个字，这和人名双名的流行是否有关系，还需要今后进一步研究。

这里要关注的是，南北朝以后的马名，通常会反映毛色。马名中包含有表毛色的部分，本是一个普遍现象。《说文解字》马部共收字一百一十五个，其中描述马毛色的就有二十三个，后世常用的如骝、骠、骓、骢、骊、騧、驳等，俱以毛色状马。汉晋时期的马名虽然有时候字面上看不出是马，但也有一些是可以表达毛色的，比如白鹤、赤兔、紫燕骝、绿螭骢等。刘备"马跃檀溪"时所乘的"的卢"，一般认为是"馰颅"的讹写，而馰颅，是指"马白额入口至齿"的一种马。《说文解字》释"馰"字曰："马白额也。"余嘉锡《世说新语笺疏》卷上之上德行篇"庾公乘马有的卢"条，笺疏引《伯乐相马经》云："马白额入口至齿者，名曰榆雁，一名的卢。奴乘客死，主乘弃市，凶马也。"

以毛色特征而为马名，古今中外都是最为常见的。《晋书·慕容儁载记》记西晋时期鲜卑慕容廆有马名"赭白"，这应该是来自内亚鲜卑人群的一个例证。不过，用“赭白”双音节（两个汉字）来翻译慕容廆的这一马名，只是反映了那个时期汉语马名的一般习惯，并不代表该马鲜卑语名字的音节长短。在赤兔、白鹤这类汉晋之际常见的双音节马名中，除了表毛色的部分（赤、白、紫）外，另一个部分是表“德行”（马的德行就是迅捷），通常用另一种动物来比类（兔、鹤、燕），或以星云雷电之类的自然风物来譬喻。应该注意的是，在这个偏正结构中，表颜色的修饰词居前，表德行的被修饰词在后。

可是隋唐以后的马名则以三音节为多。而且在三音节马名中，表毛色的词和状德行形貌的词还发生了颠倒，即颜色词居末而德行形貌词在前。《旧唐书 · 铁勒传》载草原北部的骨利干部于贞观中“献良马十匹”，“太宗奇其骏异，为之制名，号为十骥：一曰腾霜白，二曰皎雪骢，三曰凝露骢，四曰悬光骢，五曰决波騟，六曰飞霞骠，七曰发电赤，八曰流金騧，九曰翱麟紫，十曰奔虹赤”。唐太宗所制十骥之名，都是三音节，都是毛色词在后而德行形貌词在前。唐诗中常见的照夜白、玉花骢等马名，也都属于同样的结构。由于骢、骠、騟、騧这些词既表毛色又含有马的意思，居于词尾是符合汉语语序传统的，但白、赤、紫这类纯粹的颜色词出现在词末，显然并不符合汉语的表达习惯。

更著名的例子是唐太宗的昭陵六骏。按照宋敏求《长安志》卷中《昭陵图说》所记的顺序，六骏分别是青骓、什伐赤、特勤骠、飒露紫、拳毛䯄、白蹄乌。其中五个名字是三音节，而什伐赤、飒露紫、白蹄乌则都是以纯粹的颜色词作为词尾。也许可以这样理解，这些颜色词后面省略了最核心的被修饰词“马”，而这种省略是因为要遵循三音节的要求。后世黄骠马、枣红马、黑骏马这类名称，就是既满足了三音节的要求，又没有省略被修饰词“马”。

《长安志》说唐太宗“刻蕃酋之形，琢六骏之像，以旌武功，列于北阙”。在陵墓前雕刻六骏，其实是要表彰自己的辉煌武功，因为六骏分别亲历了太宗指挥和参与过的重大战事，既是历史的见证者，又足以承担纪念碑的职责。可是，唐太宗骑过的战马何止六匹，他特别挑出这六骏，据我理解，是因为他要匹配“天子六龙”的传统说法。《周易》乾卦有“时乘六龙以御天”，太阳所乘的日车也是“驾六龙”，故西晋傅玄《日升歌》有句“羲和初揽辔，六龙并腾骧”。六龙因而指代天子座驾，李白《上皇西巡南京歌》亦有句“谁道君王行路难，六龙西幸万人欢”。唐太宗在昭陵雕刻的六骏，大概就是他要垂之永久的六龙。值得注意的是，唐玄宗隆重对待西域所进的六匹“汗血”叱拨，亲为制名，统以“辇”为称，是为六辇，也是模拟“天子六龙”。

六骏之中的特勤骠和什伐赤，一看就知道与内亚有关，确切地说，是与突厥有关。有学者认为什伐赤之什伐，即前所举的叱拨。据我所知，中古音译北族名号时，不会用叱与什音译同一个外语辅音。《北史》记柔然使者有“乌勾兰树

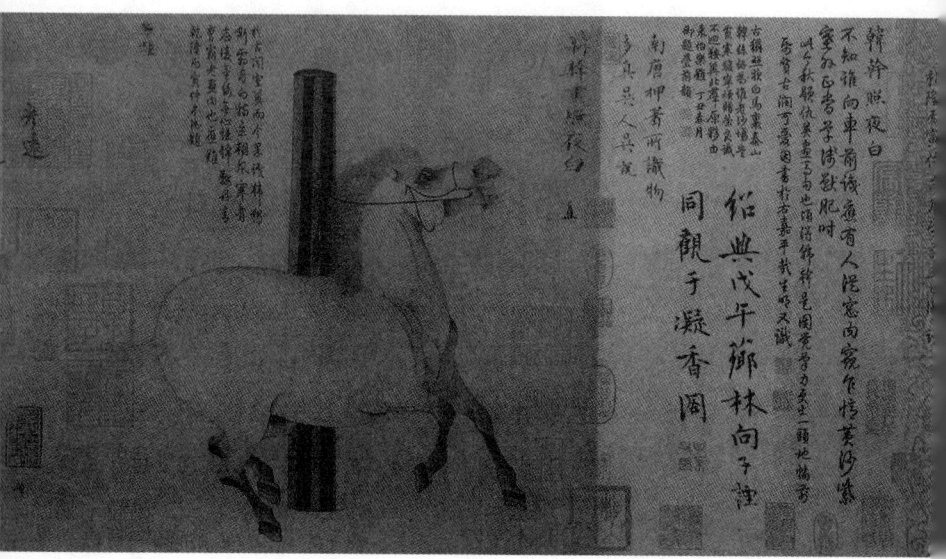

唐韩幹《照夜白图卷》

升伐”,《魏书》作“乌句兰树什伐”。勾、句同字，升当作什，形近致讹。不管这是一组还是多组名号，其中“什伐”与什伐赤的什伐，是同一个名号，确切地说，是同一个名号组合。什，和俟、涉、始等中古音译常用汉字一样，常用来音译 el/il 这个词，而伐对译的则是常见的 bäg 一词。因此，这组名号组合，其实就是 elbäg/ilbäg。在这组名号中，el/il 是官号，bäg 是官称。

同一组名号，中古又写作俟力发或俟力伐，还有俟匿伐、俟利发、颉利发等其他多种译法，过去一般认为对应的是突厥文碑铭里的 eltäbär，而我认为其实是 elbäg/ilbäg。东突厥第一汗国的始毕可汗，其可汗号始毕，也是同一组名号。什伐赤，是指一匹获得了什伐荣誉名号的红马。什伐本是北族用作军政人物头衔的众多名号之一，现在用在一匹马的身上。因此什伐赤就是一匹获得了什伐荣誉称号的战马。按照唐代突厥文碑铭的习惯，什伐赤可以还原为 elbäg qïzïl，如果要把中文名省略了的“马（at）”再给添加上，就是 elbägin qïzïl atï。同理，特勤骠就是一匹拥有特勤（tegin）称号的浅黄色战马，还原为突厥文，可写作 tegin sarï，或 teginin sarï atï。

什伐赤和特勤骠可能本来就是突厥马，这两个名字也是从原名直译过来的。这就涉及突厥给马命名的传统。幸运的是，阙特勤碑文有十五处提到阙特勤生前所骑战马的名字，共涉及九匹战马。九个马名有些附有“马（at）”，有些不写，两种情况都有。可以这样理解，明确加上了中心词“马（at）”的地方，是为了应对后面的动词“骑（bin）”，当然即使后面有动词“骑”，也可以省略“马”。因此，按照省略“马”的形式，即去掉马名中的语法性后缀，把阙特勤这九匹马的名字列在下面[8]：

1. tadïq čor boz

见阙特勤碑东面第32行，tadïq是官号，čor是官称（通常音译为“啜”），boz是灰色。

2. išbara yamtar boz

见阙特勤碑东面第33行，išbara是官号，通常音译为始波罗或沙钵略，yamtar是官称，boz是灰色。

3. yegän silig bäg kädimlig toruγ

见阙特勤碑东面第33行，yegän和silig都是官号，bäg是官称，kädimlig是指马衣，toruγ是红褐色或栗色。Kädimlig大概不是马名中的一部分，只是描述其披甲状况。

4. bayïrqu aq

见阙特勤碑东面第35行，bayïrqu是名号（部族名，通常译作“拔野古”），aq是白色。同一匹马的名字又出现在东面第36行。

5. bašγu boz

见阙特勤碑东面第37行，bašγu没有确解，有研究者理解为白头或头上有白毛，boz 是灰色，因此 baš γ u boz 就是一匹头上有白毛的灰马。

6. alp šalči aq

见阙特勤碑东面第 40 行，alp 是常见官号（通常译作“合”），šalči 可能是一个官称，aq 是白色。这匹有着 alp šalči 名号的白马在阙特勤碑文里共出现了四次，除了东面第 40 行，还见于北面第 2、第 3 和第 4 行。

7. azman aq

见于阙特勤碑北面第 5 行，azman 没有确解，一般理解为微黄色，加上 aq（白色）就是黄白马，近似汉语中的“骠”。同名又见于第 6 行。

8. az ya γ ïz

见于阙特勤碑北面第 5 行，az 是一个专名（部族名或名号，有学者翻译为“阿热”），ya γ ïz 是褐色。同名又见于第 8 行。

9. ögsüz aq

见于阙特勤碑北面第 9 行，ögsüz 的意思是没有母亲，在这里与 aq（白色）一起构成马名。

以上九匹马的马名，共同的特点是毛色词后置，毛色词之前则是某种名号词，这些名号词又可分为三类：一是部族名（如 bayïrqu 和 az），二是由官号加官称构成的一组类似政治人物所获得的那种名号（如 tadïq čor，išbara yamtar， yegän silig bäg，alp šalči），三是某种发挥临时性专名功能的描述性词汇（如 ögsüz）。

对于其中官号加官称所构成的政治名号，过去的研究者，似乎多半倾向于认为是人的名字，也就是说，tadïq čor、išbara yamtar、yegän silig bäg 以及 alp šalči，分别是四个真实存在过的人物，阙特勤骑的是他们的马（大概是战利品）。但这种理解存在一个问题，那就是阙特勤的爱马却总是带着敌人的名字，而这本不是该马过去的名字。我认为，这些名号是阙特勤用来称呼他的爱马的。给爱马加上拟人化的名号，在阿尔泰世界里并不奇怪。正是因为这样，唐太宗六骏中的什伐赤过去并不隶属于一个叫什伐的人，特勤骠过去并不隶属于某一位突厥特勤。除了这类有官号官称的马名之外，ögsüz aq 和 baš γ u boz 两名，与飒露紫、拳毛騧、白蹄乌非常接近。另外，azman aq 与青骓也很像。这样我们就看到，唐初名马的制名习惯，与突厥的马名之间，确有高度的相似。

据段成式《酉阳杂俎》前集卷一二，“秦叔宝所乘马号忽雷驳，常饮以酒”。显而易见的是，忽雷驳之名与什伐赤、特勤骠完全同构。忽雷，既可能源于北语（突厥语），也可能源于华南土著语言。如果是来自北方，那很可能是突厥常见名号 küli/ külüg。驳是杂色马（毛色不纯）。当然，秦琼这匹忽雷驳未必是突厥马，或者这个马名未必是直接或间接从突厥而来。忽雷这个名号似乎在唐宋时期相当流行。《太平御览》卷五八三乐部二一琵琶门引《乐府杂录》:“唐文宗朝，女弟子郑中丞善于胡琴，内库有两面琵琶，号大忽雷，郑常弹小忽雷。”忽雷之号不仅用在琵琶身上，还用作鳄鱼之名。《太平广记》卷四六四“骨雷”条引《洽闻记》说“鳄鱼别号忽雷……一名骨雷”(其实，骨雷不过是忽雷的另一种汉语音写形式而已)。忽雷还用作勇士的名字,《太平广记》卷二五二“顾夐”条引《北梦琐言》记前蜀王建麾下亲骑军的拳勇之士，有个樊忽雷。卷三九三“欧阳忽雷”条又引《广异记》说唐代桂阳人欧阳绍在雷州勇斗巨蛇，获得“忽雷”之号，人称欧阳忽雷。忽雷一词进入汉语既早又深，那么秦琼这匹忽雷驳，有可能是在中原得名的。

前面说唐初名马的制名习惯，与突厥的马名之间有高度的相似，但必须强调指出，这种相似，并不意味着唐初以某种官职类名号给马取名这种做法，一定不是源于中原自身的传统，而是从突厥学来的。《太平御览》卷八九五兽部七马三引《续安帝纪》记司马休之避难于南燕时，得所乘骓马警示而免于为慕容超所害，“乘以南奔，殆而获免，后还荆州，加骓马扬武之号”，就是用扬武将军这个将军号来给坐骑取名字。《北史》卷八《齐本纪下》记北齐后主高纬时“马及鹰犬，乃有仪同、郡君之号。故有赤彪仪同、逍遥郡君、凌霄郡君……斗鸡亦号开府”。《隋书》卷二二《五行志上》则说北齐后主时“犬为开府仪同，雌者有夫人郡君之号”。

更有力的证据来自南朝。《南齐书》卷一《高帝纪》记宋齐鼎革之际，萧道成在苍梧王被杀之后，“夜从承明门乘常所骑赤马入……及太祖践阼，号此马为‘龙骧将军’，世谓为‘龙骧赤’”。不仅萧道成以龙骧将军称其坐骑，而且社会上所接受的马名“龙骧赤”，也是把表毛色的词语放在末尾，与什伐赤、特勤骠和忽雷驳完全同构。也就是说，毛色词后置的三音节马名，南北朝时期已有个别用例，至少为隋唐时期骏马制名朝这个方向的发展准备了一定的基础条件。不仅是马名，武器的名字也有类似的用例。段成式《酉阳杂俎》前集卷一二还记单雄信以一丈七尺长的枣木制作大枪，“刃重七十斤，号为寒骨白”。寒骨白这个枪名，同样是颜色词后置，而且同样是三音节。也许，这只是中古汉语自身发展趋向的一个反映而已，虽然颜色词后置这个趋向到盛唐就已渐趋式微。

然而，唐与突厥骏马制名的相似又是显而易见的，问题在于除了相似，是不是还相关。除了什伐赤、特勤骠，勉强还可以算上秦琼的忽雷驳，从名字上看可能直接或间接来自突厥之外，其他的马，应该都是在中原（再次）取名的，即使这些骏马来自内亚草原或中亚的费尔干纳谷地。近年一些研究者试图替飒露紫、白蹄乌这样的汉语词组，寻找到突厥语或粟特语的语源，在我看来是一种过度诠释，超越了语文学的基本约束，更何况完全缺乏突厥学的支撑。如果说外来文化对唐朝骏马制名传统有某种程度的影响，那也绝不是表层的影响。唐朝骏马制名至少在语词层面，还是主要继承汉晋的文学传统。飒露紫之飒露，以秋露飒飒形容骏马的冷峭逸群，如《九歌》所谓“有风飒然而至”。白蹄乌，则是指四足白色的黑马，语义清晰明确，怎么可以另外寻找（并不存在的）突厥语源呢？

隋唐之际中原骏马的制名传统是否受到了内亚特别是突厥的影响？如果答案是肯定的，那么两者间形式上的相似，是因为背后还存在着文化上的相关。如果答案是不肯定甚至是否定的，那么两者间的相似只是一个巧合，是平行发展的表面现象。可是到目前为止，找不到可以支撑相关性的证据，没有结论，只有开放的疑问。也就是说，就唐初骏马制名制度的这个变化是否受到内亚特别是突厥的影响，我们无法得出一个明确的结论。

但可以把问题放到更大的背景下来思考。十六国北朝至盛唐，是一个内部关系很紧密的历史时段，汉晋文化传统经过这个阶段发生了很大变化，而变化的驱动力之一就是内亚特别是阿尔泰文化因素的加入。我们需要在许多方面做细致的研究，以观察内亚因素如何渗入华夏传统并沉淀下来成为新传统的一部分。在骏马制名这个问题上，应当考虑汉语及汉语社会的“内亚性”问题。汉语史研究中有个“阿尔泰化”的提法，其实类似的思考可以延展到汉晋以后华夏社会的许多方面。用一个也许过于简单的表述：汉晋的华夏社会向隋唐的汉社会的转化过程，关键的历史阶段在十六国北朝，正是这个时期内亚性的骤然扩张，促成了从“华夏”到“汉”的急剧转变。由于历代史书编纂的主导意向更加有利于汉唐历史连续性的传统论述模式，这种变化在史料上不免呈现为零碎而且模糊，在研究上则表现为问题与结论的开放。

举一个例子来说明这种开放性。唐代皇陵所展示的皇陵制度显然有别于汉晋，宋敏求《长安志》所谓“刻蕃酋之形，琢六骏之像”，并非都出于华夏旧制。“刻蕃酋之形”很容易让我们想到突厥石人以及突厥杀人石，即所谓 balbal 的传统，虽石雕技艺有高低精粗之别，列征服对象于墓前，文化精神却是一致的。陵墓前立石雕战马，不见于中古及之前的草原文化，但汉代霍去病墓园的所谓“马踏匈奴”，似乎算是昭陵“琢六骏之像”的一个华夏远源。进入长城以南的内亚人群，在具备了足够的施工条件以后，立即拥抱了华夏传统的这一部分。《晋书·慕容儁载记》记前燕慕容儁专为慕容氏家传名为“赭白”的骏马铸造铜像，“亲为铭赞，镌勒其旁，置之蓟城东掖门”。现藏西安碑林博物馆的赫连夏石马，有“大夏真兴六年岁在甲子夏五月辛酉”刻铭，显示雕造于赫连勃勃真兴六年（424）。十六国时期这一铜一石二马雕像，虽然都非为陵墓而造，但其强烈的政治性与纪念性（借用艺术史研究中的 monumentality 一词）则是与“马踏匈奴”及昭陵六骏前后一贯的。

墓前立征服对象之群像，以及在陵墓前雕造生前坐骑，这两种传统汇聚到唐太宗的昭陵，就发挥出宋敏求所谓“以旌武功”的政治意义与加强历史论述的功能。有趣的是，这一中原新传统后来又进入草原，形成文化交流的某种“交叉感染”。唐玄宗派工匠为阙特勤建墓园，即是仿唐朝制度，具体而微。只是在具有浓郁唐家气息的阙特勤及毗伽可汗墓园之东，仍采用了超过千米的杀人石长列：一切足以加强汗庭统治荣耀的手段，他们都不会错过，无论是古老的草原传统，还是新输入的唐家样式。十六国以后的华夏社会特别是华北的华夏社会，经历了极其复杂、微妙又深刻的文化转型，内亚性的考察只是研究这一转型的一个角度而已，但仅仅从这个角度，我们已经可以看到问题异常复杂，任何单线条的描述都无助于问题的澄清。

因此，我们在看到唐与内亚骏马制名传统有相似之处的同时，对二者间的相关也保持一点耐心，继续思考，继续考察。

[注释]

1 中国书店 1986 年影印涵芬楼 1927 年排印本，第 1 册。参看阮廷焯《秦再思洛中记异录辑》，载《大陆杂志》第 66 卷 6 期，1983 年。

2 白鸟此文原载《东亚の光》第一卷第四号，1906 年 8 月；收入《白鸟库吉东洋史论集》第一卷《西域史研究》上，岩波书店，1941 年。

3 见原田淑人《东亚古文化研究》，座右宝刊行会，1944 年。

4 又译《唐代的外来文明》, *The Golden Peaches of Samarkand, A Study of T'ang Exotics*, 加州大学出版社，1963 年；中文译本由吴玉贵翻译，中国社会科学出版社，1995 年。

5 见季羡林等校注《大唐西域记校注》卷九之二十二“上茅宫城（旧王舍城）”第 2 条“舍利弗证果故事”，中华书局，1985 年。

6 如蔡鸿生《唐代九姓胡与突厥文化》下编之四《唐代汗血马“叱拨”考》，中华书局，1998 年。

7 *Lughat-nāma-yi Dihkhudā*, Tehran: Mu'assissi-yi Lughat-nāma. Dihkhudā and Tehran University Press,1373/1994。

8 阙特勤碑文的录文、转写、翻译与注释，有很多研究者和很多作品，这 里 依 据 Talat Tekin, *A Grammar of Orkhon Turkic*, Bloomington: Indiana University Publications, 1968。

达吕耶的佩剑

——历史与想象的纠结

2012 年 3 月 18 日的波士顿天蓝日朗，美国东方学会的年会现场一片温煦，正在上演每次年会的重头戏：会长致辞（Presidential Address）。来自亚利桑那州立大学的当值会长高德耀（Robert Joe Cutter）报告的题目是《“那么，你要怎么当上国王呢？”——论中国中古前期的剑》（“Well, how’d you become king, then?” Swords in Early Medieval China）。报告后来发表在当年年底出版的《美国东方学会杂志》第四期上。高德耀是研究汉末与三国文学的名家，他这个报告的主标题却取自一部 1975 年的英国电影《巨蟒与圣杯》（*Monty Python and the Holy Grail*），是一个农民问亚瑟王的话。在电影里，亚瑟王回答说，湖神给了我这把神圣的剑，所以我可以做你们的王。农民却大摇其头：“听着，躺在湖里的那个怪妇人给你一把剑，你可不能靠这个就建立起一个国家。”亚瑟王把自己称王建国的合法性建立在湖神所赐予的宝剑上，虽然电影里的农民觉得这个逻辑莫名其妙，但高德耀在建安末期的曹氏父子那里，也找到了和亚瑟王一样的想法和做法。

高德耀的报告主要是对建安文学的四篇作品进行解说，包括曹操《百辟刀令》、曹植《宝刀赋》、王粲《刀铭》和曹丕《剑铭》。建安后期（建安二十年以后），曹操命人造五枚宝刀（百辟刀），自己写了《百辟刀令》，曹植《宝刀赋》和王粲《刀铭》大概都是因此而作。建安二十四年（219）春，曹丕命人造三把百辟宝剑，自己写了《剑铭》。高德耀想起汉魏晋历朝都把刘邦斩白蛇的那把剑奉为国家重器，感觉到剑与法统之间应该有什么联系，那么，曹氏父子造刀剑就不单纯是出于对兵器制造的兴趣，而与即将到来的汉魏禅代有某种关联。也就是说，曹氏父子这么大张旗鼓地让人制作为数有限的刀剑，其实是为改朝换代做舆论准备。

刘邦那把斩白蛇的剑，本来放在西晋洛阳的武库里，晋惠帝元康五年（295）初冬武库失火，烧掉了足够装备二百万军人的武器，以及收藏在武库里的“累代异宝”，这些“异宝”中就有王莽的头、孔子的屐，还有就是这把刘邦的剑。史书说这场大火预示了不久后皇太子的被废，而皇太子的被废则引发了八王之乱，西晋于是乎亡。也有史料说失火时有人看到那把剑飞上天去，到了牛、斗二宿的分野，这算是为东晋中兴于江东给出了一个预言。照这个逻辑，刘邦那把剑似乎具有一定的象征意义，不过把它与法统联系起来就过于勉强了。真正具有法统意义的宝贝是不会放在武库里的，比如传国玺。刘邦斩白蛇的剑固然珍贵，也不过跟王莽的头和孔子的屐一样，至多被视为国宝级的文物而已。曹操和曹丕造刀剑（高德耀对刀、剑未加区别）的事，是否具有政治深意，似乎也在有无之间。

不过，高德耀这一报告中值得注意的地方，是他在切入正题之前的一段“闲话”。他是这样开始的：“请想象一下，你在一个著名的博物馆工作，日复一日地，你被著名的工艺品和艺术作品所环绕，其中一部分你已经研究过、写过，并且还在教学中讲授过。你对它们如此熟稔，如同老友一般。让我们想象得再具体一点吧，你是武器和盔甲方面的权威，有一天你正在上曼哈顿的修道院博物馆，当你走过那著名的让·达吕耶（Jean d'Alluye）的石棺雕像时，你注意到一件不寻常的事，是你以前从未注意到的。”

高德耀请台下众多同行代入情境去想象的那个角色，其实是纽约大都会艺术博物馆武器与盔甲分馆的退休馆长赫尔穆特·尼克尔（Helmut Nickel）。这位漫画家出身的中世纪武器与盔甲领域的专家退休后继续做研究，在《大都会博物馆杂志》第 26 期（1991 年）发表了《一把十字军骑士的佩剑：关于让·达吕耶的石棺雕像》（A Crusader's Sword: Concerning the Effigy of Jean d'Alluye），讨论让·达吕耶雕像那把佩剑的来历。让·达吕耶的石棺雕像收藏和展示的地方，就是高德耀所说的修道院博物馆（Cloisters），是大

修道院博物馆

都会博物馆的一个分部，位于曼哈顿的西北角，那一带被称作华盛顿高地（Washington Heights），博物馆紧挨着高地内著名的崔恩堡公园（Fort Tryon Park）。公园俯临哈德逊河，宽阔的河面仿佛画框般把西岸的森林与蓝天衬托起来，十分壮美。

修道院博物馆坐落在崔恩堡公园北侧的小山上，周围大树环绕，外观与环境逼似欧洲中世纪的城堡和修道院，被称为“天上的城堡”。从崔恩堡公园里通常只能看到博物馆那高耸于林木之上的方塔。即使在秋叶落尽的季节，即使你走到很近的地方，最多也只可以看到修道院拱廊的外墙，然而这简单的一瞥却足以让你感受到浓重的往昔氛围。与曼哈顿的其他地方不同，时间在这里停止了流动。中世纪已经够神秘了，中世纪的修道院更是秘不可知，这个博物馆仿佛一个通向中世纪后期（11 至 15 世纪）的虫洞，你从那个 15 世纪的拱门进入博物馆之后，一下子便回到了中世纪后期的欧洲修道院里。

博物馆震撼人心的首先就是其货真价实的中世纪修道院建筑本身，全部建筑其实是由五座中世纪后期的修道院的建筑残存部分拼合而成，是 20 世纪初美国雕塑家乔治·格雷·巴纳德（George Grey Barnard）旅居法国期间四处淘宝的成绩。醉心于中世纪艺术的巴纳德收集了大量当时还没有被重视、也没有被法律保护的中世纪古董，运回美国，重新组建，构成修道院博物馆的前身。这批建筑加上

达吕耶的佩剑

他收藏的中世纪艺术精品于1925年为小洛克菲勒（John D. Rockefeller Jr.）所收购，重新购地设计布局，加上他自己的一些珍贵的中世纪文物，捐赠给了大都会艺术博物馆，1934年开工重建，1938年建成开放，这就是今天举世闻名的修道院博物馆。高德耀所讲的、赫尔穆特·尼克尔所研究的13世纪的骑士让·达吕耶的石棺雕像，就陈列在该博物馆的哥特小教堂之中。

让·达吕耶的雕像属于所谓“躺卧雕像”（recumbent effigy，法语作gisant），是西欧中世纪天主教埋葬尊贵人物时的一种葬俗，即在棺盖上雕刻与真人尺寸相等的死者盛装躺卧形象。让·达吕耶的雕像表现的是他年轻时的容貌，双掌相并于胸前，是祈祷的动作。无袖的外袍下穿着长袖、带兜帽、有连指手套、长及膝盖的锁子甲（兜帽搭在双肩上），腿和脚上可以看清的是穿着锁甲马裤。脚踩身体扭曲的小狮子，据说这是象征骑士勇敢的品质。身体的左侧，腰挂长剑，长剑只露出柄部的剑格、剑首及部分剑鞘，剑鞘的主体部分都被倚在左腿上的三角形盾牌遮挡住了，这面盾牌的长度恰好足以保护自眼睛至膝盖的身体部位。高德耀所说引起赫尔穆特·尼克尔研究兴趣的“不寻常的事”，就是让·达吕耶的这把佩剑。

在赫尔穆特·尼克尔看来，让·达吕耶雕像的着装和武器，反映了13世纪前半叶标准的骑士装备，除了那把剑——主要是剑首和剑格有些异常。剑首，中国古代也称剑镦、剑珥或剑鼻，英文作 pommel，指剑柄末端有强烈装饰作用的那一部分。剑格，俗称护手，古代中国又称剑镗、剑镡，日本称剑镡，英文作 guard，指剑柄与剑身之间突出分隔以保护持剑之手的那一部分。让 · 达吕耶雕像上的这把剑，剑格较小，且呈向外下垂的曲线，与同一时期十字军骑士最常见的那种平直细长的剑格迥然不同。更加不寻常的是剑首，让 · 达吕耶的剑首呈三花形或三叶形，与十字军骑士常见的那种圆片形或椭圆形的剑首，更是全无相似之处。

赫尔穆特 · 尼克尔说，一把典型的骑士佩剑的柄部由三部分组成：细长平直（或略有弧度）的剑格；管状木柄缠裹一层或多层皮革，缠裹的方式有简单环绕和网状交叉等多种形态；铁或青铜的剑首，金属剑首的意义在于平衡剑身的重量。剑身与剑柄连接的那个末端要以锻击的方式与剑首铆接起来，使得整个柄部与剑身坚固地连在一起。虽然 13 世纪骑士用剑的剑首偶尔也有近似三叶形状的，但那可以说是圆形剑首齿状装饰的一种变形。最要紧的是，无论是圆形、椭圆形或有齿状装饰及其变形的各类剑首，绝无例外地，无不与细长平直的剑格相配合。可是，让 · 达吕耶的佩剑无论是剑首、剑柄和剑格都很奇异：剑首酷似含苞待放的三个花蕾；剑柄的缠裹方式也是不规则的环绕与交叉迭压；更加奇异的是那粗肥的剑格，双肩下垂，至末端又卷曲向上。赫尔穆特 · 尼克尔意识到这不是那个时代的西欧产品。那么，它是从哪里来的呢？又怎么成了让 · 达吕耶的佩剑呢？

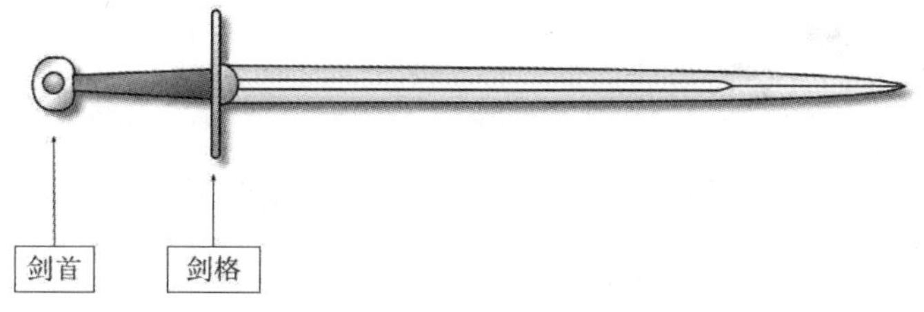

欧洲中世纪骑士用剑的常见样式

因为让·达吕耶曾到耶路撒冷朝圣，到过大马士革等东方名城，赫尔穆特·尼克尔就考虑这把剑或许来自东方，是让·达吕耶当作珍贵纪念品从远方带回来的，所以死后还会郑重其事地表现在他的雕像上。可是，以赫尔穆特·尼克尔的中世纪武器知识，他立即就判断出，这把剑不可能产自大马士革或其他伊斯兰世界武器制造中心。尽管我们一般印象中伊斯兰战士是挥舞着阿拉伯弯刀（最著名的是大马士革刀）迎击十字军骑士，其实13世纪时他们所用的是和他们的对手一样的平直双刃剑。现存非常有限的、能够展示15世纪初以前的阿拉伯剑的图像资料，最重要的是各种古代手写本的插图细密画，这些细密画因为尺寸太小，要辨别其中佩剑的柄部细节是非常困难的，特别是柄部往往会被持剑的手所遮掩。在13至14世纪前期的细密画里，可以看清的那些剑格，要么是细长平直的，要么就是双肩短粗下卷的，而那些剑首则都是圆球形或橡子形的。——很显然，让·达吕

敦煌壁画与《胡笳十八拍》组画中的中国剑柄

耶的佩剑，并非制作于大马士革或其他阿拉伯城镇。赫尔穆特·尼克尔探究的目光越过地中海东岸，投向更远的东方："看起来，让·达吕耶的剑来自比大马士革还要遥远得多的地方。"

那当然应该是中国。赫尔穆特·尼克尔很快就在中国古剑中找到了与让·达吕耶佩剑柄部三要素十分接近的例证。首先是剑首，那种三花形或三叶形的剑首，可见于敦煌 139 窟 8 世纪后半期的壁画，也可见于宋辽时的《胡笳十八拍》组画。而且，在唐人街可随处见到的用铜钱串起来组成的那种剑，剑首也都是三骨朵形的。其次是剑格，现在常见的中国剑（当然主要是清代以后的），几乎都是这种蝙蝠形的剑格，双肩较粗且下垂。再次是剑柄的那种双环缠裹方式，很大程度上也和让·达吕耶的佩剑基本一致。至此，赫尔穆特·尼克尔觉得他已经为让·达吕耶的佩剑找到了产地。他得出结论道："尽管让·达吕耶给他的剑配备了欧洲的剑鞘和挂带，而且这个配备的技术活也应该是由欧洲工匠完成的，不过他的剑本身一定来自已知世界的另一端，即遥远的中国。”

在文章的最后，赫尔穆特·尼克尔由技术考证进入历史联想（或者，确切地说是历史想象），写下了一段对普通读者来说非常有感染力的话，高德耀在他的报告中也全都引用了：“（这把剑）是沿着古丝绸之路和平地贸易而来，还是由蒙古征服大军中的一个抢掠者携带而来？让·达吕耶是把它当作一件异域风物在东地中海的某个港口收集得来，还是作为在叙利亚的一场战斗中的战利品保存下来？我们已永难确知了。然而无论如何，这件不寻常的武器对他和他的家庭是足够重要的，以至于它会被忠实地再现在表达永久纪念的雕像上。”

修道院博物馆的前馆长施拉德尔（J. L. Schrader）在一篇介绍博物馆历史的长文中说，乔治·巴纳德1910年从巴黎古董商乔治·德莫特（Georges Demotte）手里买下让·达吕耶石棺及雕像时，他们并不知道其身份及来历，但由于显而易见的美感和高品质，价格竟达一万五千法郎。雕像原有的涂彩和题字，早已在岁月中消失，因而也就难以知晓雕像本来的情况。据凯瑟琳·罗瑞墨（Katherine Rorimer）《修道院博物馆的文物：过去与现在》一书，在捐给大都会艺术博物馆之后不久，雕像的身份才迅速被揭开。1928年，法国勒芒市的收藏家和鉴定家Julien Chappée辨认出雕像是让·达吕耶，立即把自己所知有关该雕像的全部信息转告给大都会。到1954年，巴黎军事博物馆（Musée de l'Armée）的管理人Robert J. Charles，得Bouillerie男爵告知有关让·达吕耶雕像19世纪50年代存放在Hodebert城堡时的情况，因为男爵的祖上那时正拥有该城堡。这个信息补充了先前的资料，使得雕像的来龙去脉终于清晰了。

让·达吕耶骑士是拉瓦利埃尔城堡（Château la Valliére）的诸侯，其父母分别是Hugues V d'Alluye和Guiburge de Chourses，儿子是Hugues VII d'Alluye，不过让·达吕耶的妻子的名字已佚。世代生活在卢瓦尔（Loire）河谷的达吕耶一家，只留下一点简单的记录。根据这些零碎的资料，可知让·达吕耶是圣帕特纳（Saint-Paterne）教区的领主，1239年他在这个教区内建造了La Clarté-Dieu修道院，他自己也就成了这座修道院的资助人。1240年，让·达吕耶从旺多姆的la Trinité修道院的僧侣们那里借了150里弗的硬币，凑够了前往圣地（耶路撒冷）朝圣的盘缠。1241年，当他旅行到克里特岛东部的耶拉派特拉（Hierapetra）时，当地的托马斯主教把那个钉死了耶稣基督的十字架（True Cross）的一个残片送给他。1244年让·达吕耶朝圣归来，把这个宝贵的残片赠送给了la Boissière修道院，现在这一文物还收藏在Baugé医院。他大概是1248年去世，埋葬于他自己九年前修建的La Clarté-Dieu修道院。

现有资料中有争议的地方，是对让·达吕耶具体的埋葬地点有不同记录。一种说法是在教堂内靠近圣彼得小教堂的地方，雕像后面的墙上是修道院院长和几个僧侣的浅浮雕。按照另一个说法，让 · 达吕耶的墓位于修道院的廊道旁边，靠近教堂的入口。从现有的刻划痕迹判断，石棺及棺盖雕像有一段时间应该是存放在一个壁龛里的。研究者推测，可能是在 16 世纪起由宗教纷争引起的动荡局势下有过挪动，比如从修道院搬进教堂，以确保石棺和雕像的安全。18 世纪末法国教会财产的世俗化对让 · 达吕耶雕像的影响很大，1791 年，他安身其中的修道院被转卖给包税人 Valette 男爵。此后，这座修道院就慢慢沦为盗抢的对象，当地人也常来这里选些建筑材料。到 1850 年，这里建起了一座农庄。有一段时间，让 · 达吕耶的雕像被翻转身来架在农庄里的一条小溪上，发挥了桥梁作用，直到一次清理沟渠时被发现才得救。于是，雕像及石棺被搬到附近的 Hodebert 城堡去保存，有文件证明 1855 至 1879 年间一直存放在那里，文件还显示有人在 1888 年看见它们存放在该城堡的橘园里。前面提到过的那个巴黎古董商，大概 1905 至 1906 年间买到这一宝贝。现在大都会收藏有一张该雕像最早的照片，推测是一个巴黎摄影师于 1905 年之前拍摄的。所有这些资料形成的证据链，使得让 · 达吕耶雕像的历史变得清晰可靠，其历经岁月幸运保全的经历也足以令今人感慨。

如果不是因为赫尔穆特 · 尼克尔对于让 · 达吕耶佩剑的研究，除了中世纪史的热爱者，不大可能有多少人会对这座静卧于上曼哈顿那个异常静谧的院落内的雕像发生兴趣。和让·达吕耶雕像一起躺在哥特小教堂的另外多具同类型雕像，比如那四具来自西班牙加泰罗尼亚地区的13世纪末、14世纪初的雕像，雕刻工艺和保存状况一点也不比让·达吕耶雕像逊色，却远不及让·达吕耶雕像引起专业工作者以外人群的关注。

赫尔穆特·尼克尔的文章发表以后，各种媒体时不时会"发现"这个佩戴着中国剑的中世纪骑士。而且"发现者"还会就剑的来历多加解释，强调蒙古人在波斯高原所建的伊利汗国与地中海东部的联系，建立起蒙古人从中国人手里抢夺宝剑又携带到中东的历史叙述，甚至暗示勇敢善战的让·达吕耶可能在中东参与了一场抵抗蒙古入侵的战斗，光荣地获得了这把东方佩剑。还有人说，这把中国剑出现在法国，是蒙古帝国时代全球化的一个说明。中文世界也注意到了赫尔穆特·尼克尔的研究，天涯网站有一篇译介帖子特地使用了一个标题"千年前的十字军骑士最喜欢佩戴中国宝剑"。西方中世纪史的研究性论著也及时吸收了这一成果。2008年英国出版了大卫·尼科尔（David Nicolle）研究中世纪后期医院骑士团历史的《耶路撒冷的骑士》，就在第140页特别提到让·达吕耶的中国佩剑。2012年康奈尔大学出版社出版的Nicholas Paul研究十字军骑士家庭记忆的《追随他们的足迹》，在第146页也引用了赫尔穆特·尼克尔的这一研究。

可是，仔细读赫尔穆特·尼克尔的文章，无论如何也会觉得他在论证产自中国这一环节时过于简略，没有举出剑格和剑首如让·达吕耶佩剑那样搭配在一起的中国例证，完全没有他在排除中世纪西欧作为产地时的那种踏实感。如果雕塑让·达吕耶雕像的工匠做到了忠实、完整的再现（很多人指出工匠雕塑时有可能略作夸张、稍加改动），在西欧与东亚之间，还有那么大的世界，怎么那么轻易就被一概忽略了呢？即使不考虑伊斯兰化了的中亚（当然这是不能忽略的），在那时或略早的远东（含蒙古、朝鲜半岛与日本），也有多个独立或半独立的政治体、文化体，各有自己的武器制造传统，为什么都没有进入排除序列呢？不能不说，转往遥远的中国寻觅答案，可能是出于一种文化深层的浪漫传统。

目前在深圳大学任教的常彧先生是军事史方面的专家，我问他对这一问题的看法。他说，赫尔穆特·尼克尔用以证明这把剑来自中国的证据过于薄弱，大量雕刻、绘画中的中国剑首还是环首或椭圆形，也有一部分扇形的，明显呈现三叶形的很少见。赫尔穆特·尼克尔所举的那种蝙蝠形剑格的中国剑，其实是后世辟邪祈福的所谓“福剑”，南宋及之前的雕刻中迄今还没有见到有这类福剑。雕刻与绘画中所能见到的，大部分都只是普通的护手，真正用以标示剑之精良和使用者身份的，是剑格前端通常作龙虎或其他猛兽造型的那一部分。北宋军事专书《武经总要》里的剑，也都没有接近让·达吕耶佩剑的那种剑格。剑柄、剑穗部分，更是难说与中国剑有关系。剑柄作为握持部分，皮、线、布都可用以缠裹，唐代还用鲨鱼皮包裹。一般地说，这一部分是可以随时调整以适应使用者的。让·达吕耶的剑柄缠裹方式即便与中世纪欧洲一般可见者迥异，也无法断言与中国剑有直接联系。《武经总要》中就有两种完全不同的剑柄。

虽然三花或三叶造型的剑首很罕见，但双肩下垂的剑格在中国古剑中是比较常见的。常彧先生举了南宋《中兴四将图》“韩蕲王世忠”像身后那位侍者，他的佩剑的剑格就是双肩下垂的形式，但似乎并没有在末端又向上翻卷。对于剑首的花蒂形式，他还举了有强烈内亚气息的所谓“北方系青铜短剑”作为例证。这类古代青铜短剑的剑首，常见山字格、花蒂形格。这一类型略加变化，就有可能发展成让·达吕耶佩剑的那种剑首。如果再联想一下，同样是北方系直刃匕首式青铜短剑的剑格，还有一种造型繁复的“花字格”，这种制作式样及设计风格，后来都一定程度影响到中国剑格的制作。大英博物馆收藏有一件汉代铁剑，其剑格部分就很可能受到了北方系直刃青铜短剑中那种“花格剑”造型风格的影响。但据目前所知，这种内卷的剑格，并没有发展出末端忽又向外翻卷的变形。正如常彧先生指出的，在西欧至东亚那么大的舞台上，即便排除欧洲工匠的制作、排除大马士革来源的可能，却仍然不能忽略中国以外的其他地区的制剑传统。

最有意思的是，常彧提示说，让·达吕耶佩剑的剑首，有可能是一种鸢尾花（Fleur-De-Lis）造型的变形。如果真是这样，那么这把剑和中国就完全扯不上干系了，因为鸢尾花形的剑首在中世纪欧洲并不罕见，特别是短剑，而让·达吕耶的佩剑究竟是长剑还是短剑尚难以断定，因为剑鞘的主体部分都被盾牌遮挡住了。我对古代军械所知甚少，当然没有办法判断，但从我的理解来看，赫尔穆特·尼克尔的研究还远远不能说提供了确切的证据，更未能形成可以接受的定论。

西方古代军械爱好者的网站上，也有对赫尔穆特·尼克尔文章的讨论，其中有这样的意见：与其说让·达吕耶佩剑来自中国，不如说更可能属于早些时候的维京人。的确，维京剑的剑首多见三个以上的骨朵形，让·达吕耶佩剑的剑首有可能就是这个形式的一个变形。讨论还指出，收藏维京武器在中世纪骑士中事例很多，也许让·达吕耶就是把一具维京古剑当作了自己的随身利器。又或许，这把维京古剑对达吕耶家族有特殊意义，所以要在死后的雕像上郑重地表达出来。这个说法的一个有力之处在于，把让·达吕耶佩剑与让·达吕耶本人之间的联系变得更紧密。如果让·达吕耶是在大马士革或其他东方港口获得这把剑的，那他与该剑之间的结合其实相当短暂，因为他回到法国只过了四年就死了，家人怎么会用这么新的物件来表达对他的纪念呢？

不管对这把剑来历的研究最终得出怎样的结论，激动着研究者和读者的，是由研究结论开始的历史想象。虽然任

鸢尾花造型的剑首与剑格

维京剑的柄部

何研究都无法复原让·达吕耶获得他的佩剑的历史，但研究者和读者的想象似乎足以弥补这一缺憾，甚至可以说，正是空间巨大的想象赋予了这一缺憾特有的文化价值。对大多数人来说，历史想象要比此前的研究过程重要得多，因此他们通常不太注意那个过程的细节，他们只是急切地等待着结论。虽说历史研究标举着求真的旗号，但并不是所有的真实历史都被同等对待。事实上，只有那些足以激起丰富联想的"真"，迎合了学界当下偏好和公众当下流行趣味的"真"，才会被研究者和公众格外留意。即使在学术世界里，我们也常常听到研究者之间互相询问对方有什么"观点"，也就是有什么结论。许多争论都是"观点"之争。然而观点本身并不是学术最重要的部分，获得观点的思维过程才值得仔细审查。

如果赫尔穆特·尼克尔发现导向的结论是，让·达吕耶的佩剑是13世纪法国骑士的常用剑具，那么，赫尔穆特·尼克尔自己甚至不会动笔去写这么一篇文章。即使他写出来了，也不能引发读者的热情。社会等待的结论，不能是这种理所当然的说法，而必须是可以点燃想象烈焰的一个意外、一个惊喜。在让·达吕耶佩剑来历的所有可能产地中，中国无疑是可以提供最大想象空间的，何况所有的想象都可以是那么浪漫。

然而这样一来，历史本身就退席了。

关于“西有敦煌，东有朝阳”的几点说明

大约二十年前，我和北大历史学系的同事王小甫教授讨论中国中古时期边疆问题时，他指出，营州的历史地理重要性被长期低估，其实唐代的辽西地区无论在攻守战略、文化交流还是族群关系等方面，都值得大书特书。他对唐代辽西地区的分析给我很大启发，我想，岂止是唐代，辽西特有的重要性是贯穿中国历史各个时期的。综合评估东北、西北两个方向的历史影响与意义，我提出“西有敦煌，东有朝阳”，以此提醒研究者必须高度重视辽西地区的枢纽价值。

敦煌在中国近代以来的历史文化传统中特受尊崇，当然是有道理的。一般认为，宋代以前中国与中亚、南亚及更远的西方世界的联系，主要是经行今日甘肃省西部的河西走廊，因此我们理当重视以敦煌为代表的河西诸镇。更何况，敦煌地区不仅保存下来多个珍贵的石窟群，而且还有震惊世界的藏经洞的发现，等于出土了一个中古时代的图书馆。这

一发现与近代历史学中发展最快的文化史观相结合，敦煌便获得了不可动摇的象征意义。

但是，即使暂时不考虑经由海路的南海文化，只说中国古代的陆路对外文化交流，所有交流的重要对象并不仅仅是西方的中亚及更西地区（这个世界从语言属性来说，主要属于印伊语 [Indo-Iranic] 世界），还有北方的阿尔泰语（Altaic）世界和与阿尔泰语关系较近的几种语言所覆盖的朝鲜半岛及日本列岛。如果说敦煌正当前者的交通孔道，那么朝阳就在后者的历史中扮演至关重要的角色。

历史上的阿尔泰语各人群对中国历史的重大影响（这种影响大多数情况下是直接改变中国政治生态的，比来自西北的文化影响剧烈得多），当然是人所共知的事实，但不同时期不同阿尔泰语人群对中原影响的强度和方式是不一样的。游牧大军的强力攻击或征服，如匈奴、突厥和蒙古，是一个类别。还有另外一个类别，某些阿尔泰语人群在长城地带，也就是在地理上的农牧交替地带，长期生活，长期经营自己的政治、文化和社会建设，形成独特的军事政治结构，长期与中原政权有密切联系，其中有些还进入中原，建立起在中国历史上非常重要的王朝，比如鲜卑和契丹，也许女真与满人也可以算在这个类别。这后一种类别对于中国历史的重要性，当然毋庸赘言。可是我们仔细看他们的历史，就会发现辽西在文化地理上的独特意义。

至迟从西汉中期开始，汉匈战争开打不久，汉朝在战略上比较成功地破坏了匈奴帝国的同盟结构。对此研究者一般只强调“断匈奴右臂”，就是夺取河西走廊，设置河西四郡（最西端是敦煌郡），把匈奴直接控制的蒙古高原与羌人控制的青藏高原分隔开来。其实，对匈奴来说更致命的是，汉朝同时还做到了“断匈奴左臂”，就是以今辽东半岛和今河北东北部为基地，进军辽西，对原东胡系统的乌桓（以及乌桓背后的鲜卑）各部威胁利诱，使他们脱离匈奴帝国的控制，甚至反戈一击，成为匈奴帝国最危险的外敌（东汉中期北匈奴就是在鲜卑打击下覆灭的）。“断匈奴右臂”成就了敦煌，“断匈奴左臂”则成就了朝阳，两者是同时成为汉朝边疆重镇的。

随着乌桓和鲜卑从汉朝盟友向汉朝外臣转化，越来越多的乌桓人和鲜卑人附塞、款塞（靠近长城甚至进入长城），辽西地区的战略意义越来越重要。当东汉后期朝廷多次讨论放弃在河西走廊地区的军事和政治存在时，辽西地区仍然是国家财政优先支持的边疆大镇之一，这里集结的军队，是东汉后期最重要的三支国防力量之一（另外两支是董卓领导的凉州军和吕布领导的并州军）。这里的乌桓人和鲜卑人，与汉朝的关系非常复杂，政治上的臣属与机会主义自利是同时存在的。他们对汉朝的政治和文化很熟悉，历经汉朝崩解和魏晋内战的同时，他们也经历了内部的族群与政治重组，并慢慢发展起来，终于在十六国时期大放光芒。从此一直到蒙古崛起，以今朝阳市为中心的辽西地区始终是一个民族和政治体的“孵化器”。这当然取决于朝阳自然地理、经济地理、文化地理和军事地理的独特条件。

比起敦煌，今日朝阳的文物古迹不是那么鲜亮夺目，但仔细研究，它在历史上的地位和价值，是丝毫不逊色于敦煌的。“西有敦煌，东有朝阳”这个说法，我觉得并不算很夸张。

华夏文明西部边界的波动

首先我们要说明，本文讨论的华夏文明，是指商周以来以汉字为主要书写手段的社会体。虽然社会体并不总是与政治体相重合，但从历史发展的角度看，社会体的盈缩变化主要是由政治体的兴衰变化决定的，甚至可以说，具有一定连续性和稳定性的社会体本身就是由不那么连续和不那么稳定的政治体创造出来的。因此，对文明体和社会体发展状况的描述，势必在很大程度上以政治体的发展为背景。其次，这里要谈的所谓“边界”，有时并不是切实可见的空间存在，或者毋宁说，它仅仅是一个亦此亦彼的混合地带，在此地带，华夏文明与其他文明共存共生。当然，政治体以军事力量制造的法律意义上的国家边界与这种文明体的边界通常并不重合，但两者之间的相关性也是不言而喻的。

华夏文明虽然被称作最古老的文明之一，但创造出这一文明的那个人群（更准确地说是一个政治体）并不是非常古老的，甚至可以说是非常年轻的。研究汉语史的一些学者发现，汉语是一种混合语言，可能是在中原地带交汇的各语言，特别是古南澳语、古阿尔泰语和古藏缅语持续接触的结果。也就是说，华夏社会体的起源（如果可以用起源这个很不可靠的术语的话），是来自不同方向的人群在今天黄河中下游之间（河南中部、山西南部及陕西东部）发生某种充满活力的接触的结果。就是这一个年轻的社会体所代表的文化体，率先在亚洲东部孕育出了高级的文化形态，即文明，从而使这一群体对周边各语言各族群具有了发展优势，决定了周边各语言各族群逐渐被蚕食、被消融以至扩充到华夏文明体之中的历史命运。表现在语言上，就是汉语人口的持续扩大及其对非汉语人口的淹没。这种汉语人口淹没非汉语人口的历史，既是汉语人口数量持续增长、汉语人口覆盖地区持续扩大和汉语社会同质性持续加深的过程，同时也是汉语自身诞生、变异和发展的过程。[1]

表现在族群环境上，就是汉语社会与周边族群的区隔日益鲜明和强烈。[2]宏观地描绘周秦之际东亚大陆主要人群的分布状况，应该是这样的：内亚草原的游牧民；东北亚森林地带诸民族，包括今俄罗斯的西伯利亚和滨海诸州，以及今中国东北全境与长城地带的渔猎民族；以黄河中下游为中心正在急剧扩张的华夏民族集团；汉水、大别山以南至南岭以北的稻作区的诸蛮；南方滨海地带的古代诸越民族。这种各主要族群集团在空间上各自连续分布并覆盖广大地区的格局，到战国后期已经有了显著的改观。华夏集团首先在政治上（当然主要依靠军事手段）控制了越来越多的原非华夏地区，接着在这些地区开始了华夏化运动。[3]历史地看，华夏化是一个缓慢的过程，是从局部地区和部分人群开始逐渐在空间和社会中扩散的过程。一开始，华夏化地区和人口有如孤岛一般点缀在非华夏的海洋中，可是，历史的基本轨迹却是，这些华夏孤岛一直在成长和扩张，并最终逆转了孤岛与海洋的关系。[4]当然，无论在时间上还是在空间上，无论在非华夏社会的各族群之内还是在同一族群的不同单元之间，华夏化都是以不均匀的速度和幅度，在不同层面和不同程度上分阶段进行的。

表现在空间上，就是我们要说的华夏文明边界的波动。如果以古人常说的“天下之中”的河洛地区为中心来看，华夏文明四千多年来在空间上各个方向的成长似乎是相当均匀的。几乎东亚大陆的所有农业区都实现了华夏化，例外出现在朝鲜半岛和越南半岛，而这两个半岛历史上正是华夏政治体多次进入又反复退出的地方，是华夏文明在东亚农业区波动幅度较大的特殊情况（无疑，是可以很好地给出历史解释的）。在非农业地区，由于清朝的帝国构造包容了大规模的多族群多文化的社会与政治单元，从而遗留给现代中国以巨大的北部和西部版图，同时也使得现代中国的政治边界与传统华夏文明的边界出现了明显的不一致。当然，历史上二者从来就没有过完全一致的时刻，但值得思考当代中国民族问题的学者注意的是，清朝遗产中这二者间的差异特别突出。

依靠现代中国版图，会产生一种错觉，即认为传统华夏文明历史时期在各个空间方向上的推进所取得的成就都是相当的。其实，从投入产出比的角度看，历史上华夏政治体的扩张和华夏文明的扩展在不同地区是非常不均衡的。在农业地区，首先是北方的华北平原、江淮地区、胶东半岛、关中平原等麦作区，以及长江以南的江汉平原、洞庭湖平原、太湖平原等稻作区，还有西南的成都平原等，早在秦汉之际就被整合进了华夏文明圈。而汉武帝时代的大扩张中，不费什么力气就拿下了瓯越、闽越、南越和西南夷，而同一时期与匈奴的战争不仅耗时长久，而且几乎把汉朝拖垮。究其原因，不仅因为匈奴有骑射优势，而且因为华南广大地区各个族群的政治发育水平都不高，政治体的规模都不大，都不足以动员一支较大的军队来抵抗汉朝偏师之一击。无论是哪些原因起了主导作用，军事征服在南方的成功是如此轻易，使得紧随军事征服之后的华夏化运动的全面完成显得要漫长许多——大约到唐代中期才可以作此判断。当然，在华南全面华夏化之后不久，整个东亚大陆的经济重心也就从华北平原转移到长江流域的稻作农业区了。

相比而言，华夏政治体在北方和西部地区的投入就要大得多，包含财政、军事和国家可以动员的其他一切资源，表现在历史资料里就是有关记录要多得多，任何学习历史的人都会非常容易地获得历史上国家在北方和西部的活动更为重要的印象。这个印象虽然是有道理的，但掩盖了华夏化在华南更为成功，以及华南对华夏文明更为重要这个基本事实。

下面我们通过梳理历史上华夏文明西部边界的波动情况，概括地观察历史时期华夏政治体在向西发展方面的努力及其成效。

如果从秦代说起，我们首先要承认，到目前为止我们还不能确切地知道，秦国以及后来统一后的秦朝在其国境西部所面对的主要敌人是谁。我们知道秦长城西起临洮，但洮河以西，或者说陇山以西，有谁需要这样严加防范呢？我们知道那时河西走廊有所谓月氏，从匈奴必须派质子到月氏去的情况看，月氏是比匈奴更为强大的游牧政体。可以推测月氏当时的影响已经达到了陇山地区，与秦国和秦朝西向的发展在长城一线发生了接触。月氏是说印欧语言中的伊朗语支某种语言的。我们应该知道，在汉武帝以前，从河西走廊向西一直到中亚，全都是印欧语言中的伊朗语支各语言的世界。甚至有研究者认为，印欧语言向东亚的扩张一直达到今山西中南部，参与塑造了华夏古文明的某些人群就是说印欧语言的[5]。《史记》的《大宛列传》说："自大宛以西至安息，国虽颇异言，然大同俗，相知言。其人皆深眼多须髯。"《大宛列传》很大程度上是依据张骞及其随行官员的旅行报告写出来的，他们的旅行都是自今新疆北部向西再向南，也就是说，因此他们的报告没有提到今新疆南部即塔里木盆地诸绿洲国家的情况。其实，自河西向西经塔里木越帕米尔到中亚，都是“国虽颇异言，然大同俗，相知言”。也就是说，秦朝以西是一个连续的印欧语和印欧文化世界。

秦汉之际崛起并建立了欧亚草原第一个大帝国的匈奴，似乎并未改变这一局面。匈奴的统治集团是说什么语言的，究竟说古蒙古语，还是古突厥语，这是匈奴史研究中最引发纠纷却又毫无结果的问题。不过，关于匈奴和月氏一样属于印欧语人群、源于西方而不是北方的说法[6]，也是不能排除的。无论如何，汉武帝发动旷日持久的对匈战争之前，汉朝的西部边境不仅没有扩大，却遭受着巨大的国防压力。可是当汉朝军队在霍去病的领导下于公元前 121 年占领河西走廊之后，华夏政治体进入塔里木盆地就只是一个时间问题了。接下来为人熟知的历史就是汉朝经略西域，也就是华夏政治与文化影响进入塔里木盆地，以及汉朝对中亚的用兵。应该注意的是，在汉武帝之后两千多年的历史中，尽管河西地区始终存在着非华夏文化的因素，有时候这种非华夏的因素还会形成河西被非华夏政治体统治（如十六国时期的后凉、南凉和北凉，唐代的吐蕃，宋代的西夏，等等），但河西的华夏化程度非常高，连续性也非常强，是华夏文明在西部最富历史意义的战略桥头堡。

和河西情形近似的还有两个地方，一个是吐鲁番，一个是楼兰。吐鲁番和楼兰本来是塔里木东缘的两个绿洲小国，是说印欧语的，但在汉朝及其以后华夏政治体的连续冲击下，最早进入华夏化的轨道。可是，很可能是由于北朝时期自然环境的变化（比如孔雀河河道的变化）造成楼兰地区不再适宜人类居住，一个本已成型的华夏化绿洲消失了。当然，华夏力量的西进与楼兰绿洲的环境破坏之间究竟有怎样的关系（或是否有相关性），还有待今后的研究给出答案。吐鲁番是今新疆境内第一个被纳入华夏式郡县行政体系的绿洲（设置高昌郡），而且是在中原的华夏统一政权崩解后的所谓十六国时期。可以说，从汉代到西州回鹘控制高昌的近千年的时间内，吐鲁番的华夏化进程基本上是连续的。由于唐宋之际在华夏政治体周边涌现出多个重要的非华夏国家政权，切断了吐鲁番与中原的联系，吐鲁番的华夏化成果很快消失了。

华夏因素退出的同时，突厥因素却进入了。和吐鲁番先后同时，整个塔里木地区进入了突厥化的时期。塔里木南北各绿洲本来说印欧语、信仰佛教和其他宗教的人群，最终转变成说突厥语、信奉伊斯兰教的突厥人，这是一个耗时长久、异常深刻的变化。同样的变化也出现在帕米尔以西的中亚地区。需要强调的是，不能把这场变化简单地理解为突厥人迁入的结果。突厥人群从草原地带进入绿洲当然是事实，但他们人数稀少，原来的印欧语人群在人口数量上占据绝对优势。但居于统治地位的突厥人最终把自己的语言、认同和历史记忆，成功地转化成包括整个塔里木在内的绝大多数中亚地区人群的语言、认同和历史记忆。有趣的是，这样的历史变化在不同地区的突厥人群的体质人类学特征上留下了鲜明的印迹。今天草原地带的各突厥人群，如柯尔克孜（吉尔吉斯）人、哈萨克人，与绿洲农业区的各突厥人群，如维吾尔人、乌兹别克人，在体质特征上有明显区别，前者更接近蒙古人，后者更接近波斯人。这就是因为前者中较多保留原内亚阿尔泰人群因素，后者中较多保留原中亚印欧语人群因素。[7]

在包括塔里木盆地在内的中亚广大地区完成突厥化和伊斯兰化之后，非伊斯兰和非突厥的因素并非再也没有机会进入该地区。沙俄与苏联的漫长统治已经给中亚注入了深刻的外来因素；类似的情况在新疆也随处可见。这些新因素在历史的长时段背景下应如何评估，当然也是非常不容易的。不过对研究者来说，最容易犯的错误就是过于笼统地把中亚的突厥化和伊斯兰化看成一个历史分期标准，从而未能深入地观察在长达千年的时间内中亚各社会体、各文化体和各政治体之间所发生的丰富多彩的历史运动，正是这些历史运动提供了现代中亚（包括中国的新疆）的历史基础。

举一个例子来说，学者一般都知道，塔里木地区的绿洲社会在历史上有一个较为鲜明的特点，就是政治上的分散性（当然并不意味着文化上的彼此排斥），缺乏绿洲之间政治认同的内在动力，这也是塔里木地区在军事防卫方面比较脆弱的原因。但是如果我们没有充分注意到 17 世纪以后诸绿洲间逐渐出现的政治认同和权力集中的倾向，我们就无法理解

19世纪末以后的诸多政治和文化趋势。应当把中亚地区近代的政治发育与世界历史的其他部分放在同一个平面上来认识，而不是把伊斯兰中亚看成孤立的和静止的岛屿，更不能把近代中亚的历史看成一个古老文明区的衰落过程。[8]

更重要的是，对中亚东部（及中国的新疆）近二三百年历史的深入观察，会给我们提供一个理解华夏文明重新进入中亚的历史平台。我们知道，近代华夏政治体重新进入中亚是从清朝与准噶尔争夺草原统治权开始的，但如果仅仅从强权政治和国际关系的角度来观察这个重新进入，容易忽略中亚社会内部的政治发育及其在适应新政治秩序的过程中所发生的反作用力，这种反作用力事实上影响了新的政治秩序本身的形式及其变迁。

华夏文明西部边界波动的历史，不仅是华夏文明的历史，更是西部地区各古老社会的历史。当我们这么说的时候，我们应当想到的是那些活生生的、由人群和情感所构成的时间与空间。

[注释]

1 李葆嘉：《从同源性到亲缘度：历史比较语言学的重大转折——〈汉语的祖先〉译序》，载王士元主编《汉语的祖先》，中华书局，2005 年，第 87—91 页。

2 关于早期华夏化运动的概括性描述，特别是有关中古时期南方诸蛮社会的华夏化问题，请参看罗新《王化与山险》，《历史研究》2009 年第 1 期。

3 渡部武：《秦汉时代の巴蜀开発》，松田寿男博士古稀记念出版委员会编《东西文化交流史》，东京：雄山阁，1975 年，第 201—213 页。

4 金裕哲：《魏晋南北朝时代江南社会与种族问题——从蛮夷的"边缘"到中华的"江南"社会》，杭州大学韩国研究所编《中国江南社会与中韩文化交流》，杭州出版社，1997 年，第 18—50 页。

5 余太山：《古族新考》，中华书局，2000 年，第 1—52 页。

6 Christopher I. Beckwith, *Empires of the Silk Road: A History Central Eurasia from the Bronze Age to the Present*, Princeton and Oxford: Princeton University Press, 2009, pp. 70-73.

7 关于古代突厥人的体质特征，现在没有切实可靠的图像证据。《旧唐书》的《突厥传》记载突厥贵族阿史那思摩在第一汗国时期不被重用的原因，是几个可汗都嫌他"貌似胡人，不类突厥"，怀疑他"非阿史那族类"。可见突厥与中亚粟特人有明显差异，这种差异大概近似于今天蒙古人与伊朗人的区别。

8 俄苏一些研究者把沙俄侵入中亚以前的中亚说成是正在衰落的、失去了文明活力的社会，这显然是为了给沙俄统治中亚寻找合理性。

中华帝国体制的内外轻重

我是学断代史出身。现行中国断代史体系把 1840 年前的中国历史（所谓中国古代史）分成两段，唐末以后是一段，先秦到唐末是一段，我所学的魏晋南北朝史，属于前半段。这两段差别比较大，通史课也一般是两个老师分开讲。因此做古代史前半段的不仅有异于近代史（更不用说有异于各位这样做社会学民俗学人类学的），而且有异于研究唐以后中国史的。在政治敏感的学术环境里，似乎做前半段的更加能够逃避或隐藏知识分子的现实关怀与当下焦虑。大概是因此，我一开始研究魏晋南北朝的民族问题时，几乎没有任何与现实直接相关的考虑，更没有想到要把中古早期的民族问题与中古以后、特别是明清以后至当前的民族、族群问题联系起来。然而随着时间和研究的推移，这种古今问题之间的联系和对话，似乎无可阻挡地出现了，有时成为一种动力，一种启示，有时又成为一种困扰，一种牵累，一种让人不再轻松、不再乐观的暗黑力量。

葛兆光老师所立的这个题目“历史中国的内与外”，也是我一直非常关心的一个重大问题。我以前讨论走马楼的吴简中的“真吏”时，意识到这个“真”和睡虎地秦简里的“真臣邦”的“真”，真相对于表（外）而言，是某种意义上的“内”。依据秦简，以华夏为中心的世界秩序是这样的：华夏以外的世界都不是华夏，但非华夏世界又是有分别的，分别就在于有些已经归附，有些还没有；归附了的可以看作“内臣邦”，没有归附的则是“外臣邦”。内臣邦，即真臣邦。这种分别，与后世所谓“生番”、“熟番”是一样的。吴简的“真吏”，就是已进入孙吴统治、却又保留了某种特殊身份的“夷民”基层组织的乡吏。这是古代华夏世界多重内外分别的一个例证。

北魏官制中，有一些属于内亚传统的官职，常以“内”为名，如内行令、内三郎、内侍长等，在代北祭天大典中，内外分别尤为清晰。我曾把历代王朝的内外观念和阿尔泰系统各语言的内外观念做了一个比较，发现大家都在谈“内外”，但说的都不一样，各有特定的意涵。北朝、辽、金、元所说的内外，所指也都不各不一样，如果不了解其特定的内外概念，就无法理解这些王朝的政治结构。内外观念当然是高度流动的，但在某一体系、某一时期之内又是相对稳定的。

讨论中国传统王朝的政治理念时，常见引用“天子无外”、“普天之下莫非王土”这些话来阐释古代的“天下观”。在抽象的思想和理想层面，也许可以这么做。但在政治实践中，怎么可能“天子无外”呢？任何时代王朝向外扩张的边界都是清晰可见的。这种边界不仅存在于边远州郡，而且也存在于王朝外部边界之内的大多数地区，这就是所谓的“内部的边疆”，是国家力量无法进入的地区和人群。在任何地形地貌复杂的地区，都有王朝力量不能控制的地区和人群。

我从我自己的研究兴趣出发，慢慢意识到无论如何，相对于王朝这样的复杂庞大的文化体、政治体和经济体，凭借其强大的力量，华南、西南地区的人群在古代条件下是无法避免被纳入国家体系的，至多可以拖延而已。可以说，如果没有近代欧洲人的介入，这种力量还会向东南亚去扩展。与此形成鲜明对比的是，中原王朝的力量很早（甚至在秦朝统一之前）就达到了农牧地理分界线一带，也就是长城一带，然而一直到明朝，这个地带仍然是主要的国防边线。为什么传统中原王朝的对外扩张在北方寸步难进，和南方形成了强烈反差？这和传统中原王朝的国家（帝国）秩序，即复杂的内外分层和政策制定，有什么关系呢？

一直到清朝才实现了对蒙古高原的稳定统治，但仍然不是一种直接统治，和中原地区差别很大。如果清朝没有赶上近代世界的变化，包括国际形势和战争技术的变化，那现在的蒙古高原会是什么样？会一直顺从地接受朝廷统治吗？我觉得还是不太清楚的。

我向咱们工作坊提交的材料，是几年前我写的有关在蒙古国发掘的一方唐代墓志的研究。那个墓志是铁勒九姓里的仆固部的一位首领，担任唐朝羁縻府州的军政长官，死后完全按照唐朝同品级官员的待遇进行安葬，随葬品可能都是从洛阳送来的，所以也有同类型的墓志。看上去这个人就是唐朝的一个官员，这样的随葬品和墓志很容易让我们忘记他其实是当地强大游牧集团的一个酋首。十几年前我几次到蒙古国考察，在草原上见到多个唐代石雕像，身着唐朝五品或三品官的官服。这些雕像应该都和那个墓志一样，是唐朝政府为死去的羁縻府州长官制作的。这些制作品代表了一个重要的时代，即唐朝在唐太宗后期到高宗时期，大约二十多年间，对漠北统治最深入和最稳定的时期。

贞观四年唐灭东突厥第一汗国，是得到了漠北铁勒各部支持的，铁勒各部中最强大的薛延陀迅速填补了突厥汗国覆灭在漠北所形成的政治真空，事实上阻挡了唐朝军政力量的进入。这可以看作铁勒各部在抛弃突厥以后试图以自己的力量维持漠北的秩序。但显然薛延陀一家独大的局面并没有在九姓乌古斯中取得长久的平衡，十几年之后，乌古斯九姓的多数部族宁愿帮助唐朝推翻薛延陀的汗国。这给了唐朝一个难得的机会真正统治漠北。这就是我们看到的墓志和石雕像那个特殊的时期。

然而，唐朝统治的效果怎么样呢？没有材料说明唐朝在漠北统治的具体情形。可以参考的一个事实是，在突厥第一汗国灭亡五十年之后，南迁到鄂尔多斯地区的突厥人中发起了声势浩大的反叛，被唐军击溃后，一小部分叛乱者仓皇北逃。这批北逃者有多少人呢？有的说几百人，有的说千把人，总之是很少的。就是这一只很小的队伍，逃到漠北之后，忽然强大起来，完成了突厥汗国的复国伟业。可以肯定的是，以他们的那个军事规模，他们不可能凭着武力征服漠北乌古斯各部。一个自然的结论就是，似乎漠北乌古斯各部欢迎他们的到来。那么，进一步推论，似乎漠北乌古斯各部决定抛弃唐朝，转而拥戴五十年前已被他们抛弃的突厥。五十年的时间差距不足以让乌古斯各部进行真正有意义的比较，但看起来乌古斯各部在唐朝与突厥之间做了一个比较，最后选择了突厥。

这其中的问题应该引起我们注意。过去研究突厥史的学者从不怀疑地认为因为突厥是原来的盟主，理所应当地受到欢迎，不欢迎者也很容易被突厥武力征服。但是，突厥第一汗国之所以灭国就是因为它被乌古斯九姓给抛弃了。为什么会被抛弃？很可能漠北各部对东突厥汗国的帝国结构不满意了，才借助唐朝的力量把它给消灭了。可是五十年后又欢迎他们，说明漠北各部又无法容忍唐朝在漠北的统治了，似乎唐朝还不如以前（当然是传说中）的突厥，突厥于是乎得以复国。当然要不了多久，正如鄂尔浑突厥文碑铭所显示的，对于突厥汗国来说，远方的唐朝还不是最直接、最危险的敌人，突厥汗国最大的不安全感来自九姓乌古斯。这说明突厥汗国复国之后很快就再度引起乌古斯的不满了，最后只好从乌古斯中冒出个回鹘取突厥而代之。

这一过程值得分析。在唐朝统治二十多年之后，大家为什么会突然厌倦唐朝，宁愿欢迎突厥以取代唐朝对漠北的羁縻统治。羁縻统治体系真正的问题在哪里？中华帝国的政治体系中，权衡国家利益、分配国家资源的基本精神是什么？中华型的古老帝国在治理边境地区与人群时为什么会经常失败？在南方，从汉代的征服西南夷到清代的改土归流，都是以强大的军事力量完成了对小型、分散的小族群小社会的压倒性统治，由间接统治进到直接统治。这种模式为什么在中亚和蒙古高原就不适用？

当然和经济、地理、军事条件有关。但我考虑的重点是，在传统中国的帝国体系之下，是否能够像在长江、珠江、赣江等流域的南方地区一样，对蒙古高原也实现同样的统治？虽然有关中华帝国“开发”南方的历史叙述中，好像完全无视那些地区各人群的痛苦牺牲，但历史摆在这里，哪怕是被遮蔽被清洗过的历史，那些碎片和残影也足以让我们反省，传统帝国的政治体系在处理这些问题时，也许先天就具有某种致命的缺陷。

本书所收文章来源

《历史学家的美德》，这篇小文根据作者 2017 年 12 月 22 日在“一席”所做演讲的录音稿整理而成，有较大删节。

《有所不为的反叛者》，为 2018 年 1 月 27 日在《东方历史评论》年度历史图书沙龙上的发言。

《一切史料都是史学》，原发表于《文汇学人》2018 年 4 月 13 日。

《遗忘的竞争》，原发表于《上海书评》2015 年 3 月 8 日。

《当人们都写汉语时》，原发表于《上海书评》2013 年 5 月 26 日。

《走出民族主义史学》，原发表于《文化纵横》2015 年 8 月号。

《世上本无黄种人》，原发表于《上海书评》2013 年 5 月 13 日。

《双螺旋的低语》，原发表于《文汇学人》2014 年 11 月 21 日。

《匈奴：故事还是历史》，原发表于《中国国家地理》2006 年第 12 期。

《从于都斤山到伊斯坦布尔》，原发表于《全球史评论》第 11 辑，2016。

《作为历史的狼祖传说》，原发表于《文汇学人》2015 年 3 月 6 日。

《北魏常山公主事迹杂缀》，未刊稿。

《忽必烈的历史挑战》，原发表于《上海书评》2013 年 8 月 11 日，题目有改动。

《昔日太宗拳毛騧》，原发表于《文汇学人》2015 年 5 月 15 日。

《达吕耶的佩剑》，原发表于《上海书评》2015 年 1 月 4 日。

《关于“西有敦煌，东有朝阳”的几点说明》，原发表于《今日辽宁》2017 年第 4 期。

《华夏文明西部边界的波动》，原发表于《大观》2011 年第 1 卷。

《中华帝国体制的内外轻重》，2016 年 3 月复旦大学文史研究院工作坊发言，原发表于《复旦学报》2016 年第 5 期。